소 소

동 경

소소동경

글과 사진 **정다원**

상상출판

Prologue

도쿄에서 보낸 4년은 특별했다.

교환 학생 신분으로 도쿄행 비행기에 올랐을 때, 이곳에서 4년이란 시간을 보내게 될 거라곤 생각도 못했다. 교환 학생에서 인턴십, 그리고 운 좋게 첫 직장까지. 모든 게 우연의 연속이었다. 도쿄를 떠나고 싱가포르를 거쳐 지금의 뉴욕까지, 10년이 넘게 타지 생활을 하고 있지만 유독 도쿄에 대한 애정은 남다르다. 남편을 처음 만난 곳이기도 하고, 학생이었던 내가 어린 티를 벗고 어엿한 사회의 일원으로 발돋움한 곳이기도 하다. 뭐든 서툴렀던 사회 초년생 시절이었기에 그 어느 때보다 값진 경험을 했고 수많은 추억을 쌓을 수 있었다. 당시의 설렘과 긴장감이 뒤섞여 도쿄에서의 추억은 아직도 진한 향수처럼 내 마음 깊숙이 자리 잡고 있다.

도쿄를 떠나고도 몇 번이고 다시 찾았다. 오랜 친구들과 음식이 그립다는 핑계였지만 정작 살 때는 잘 몰랐던 도쿄의 매력에 뒤늦게 푹 빠졌기 때문이었다. 오후 5시, 장 보러 온 자전거 행렬로 북적이는 상점가, 이웃들과 한마음으로 즐기는 동네 축제, 찬물에 흐르는 소면을 건져 먹으며 달래는 더위. 평범해 보이던 생활 속의 도쿄가 이렇게나 매력적이었다니. 떠나고 나니 그제야 알게 되었다. 뉴욕행이 결정되면서 더는 도쿄를 자주 찾지 못한다고 생각하니 아쉬움이 배로 커졌다. 그래서 마지막으로 도쿄에 갔을 때, 지금까지 좋아했던 도쿄의 모습을 하나씩 찾으며 아쉬움을 달랬다. 매일 카메라를 가지고 다니며 사진으로, 그리고 마음으로 내가 사랑하는 도쿄의 모습을 최대한 잔뜩 담으려고 애썼다.

이 책은 '내가 사랑하는 도쿄'를 사진과 함께 기록한 글이다. 4년 동안의 도쿄 생활에서 가장 기억에 남고 기록하고 싶은 모습들을 추린 나의 '도쿄 졸업 일기' 혹은 '졸업 논문' 정도가 되겠다. 그렇다 보니 여행 에세이와 해외 생활 수기 그 중간쯤 되는 글이 되어버렸다. 그렇지만 도쿄에 흥미가 있는 누군가에게 꼭 들려주고 싶은 이야기로 가득 채웠다. 살면서 보고 느낀 생활 속의 도쿄 이야기와 명

소를 세심하게 골라 소개하려고 애썼다. 짧은 여행으로는 잘 느낄 수 없는 '숨겨진 진짜 도쿄의 모습'을 들려주고 싶다는 마음을 담았다. 도쿄에 가본 적이 없는 사람들 혹은 이미 몇 번 가본 사람들이 이 책을 읽고 '도쿄는 참 매력적이구나.' '도쿄에 내가 몰랐던 이런 모습이 있구나.'라며 흥미를 갖게 된다면 그걸로 충분하다.

가깝고도 친숙한 도쿄지만, 내 4년간의 생활이 그랬듯이 그곳만의 특별함이 이 책을 통해 독자들에게도 잘 전해지기를 바라본다.

2018년 6월

정다원

목차

Prologue	5
서민들의 거리, 시타마치	17
선술집과 마스터	27
후지산 바라보며 목욕하기	37
삐걱거리는 나무 바닥	49
생활 속의 일본, 상점가	57
추억의 맛, 경양식	67
옛 정취 가득한 야네센 산책	75
야구 사랑	85
여름의 하이라이트, 마쓰리	93
창가의 토토를 찾아	103
흐르는 소면 건져 먹기	109
도쿄에서 가장 살고 싶은 동네	117

암묵의 룰, 란도셀	*127*
도쿄 사람이라면 몬자야키	*135*
유카타로 여름나기	*143*
나폴리 피자 열풍	*149*
한 칸짜리 열차 타고 도쿄 한 바퀴	*157*
미슐랭과 동네 식당	*165*
센과 치히로의 그곳	*173*
자전거 왕국	*185*
동네의 작은 독서공간	*193*
도심 속 오아시스, 도도로키 계곡	*201*
도쿄 라멘 열전	*209*
바다와 산과 기차, 가마쿠라로	*217*
가을을 알리는 신호탄, 꽁치 축제	*227*

서민들의 거리, 시타마치

남편과 학교 주변에 집을 구하던 중 외국인이라는 이유로 거절당했다. 마음이 상해 "그럼 아무 데나!"라는 심정으로 지하철 노선도를 펼쳤는데 '무사시코야마(武蔵小山)'라는 역 이름이 눈에 들어왔다. 도쿄에서 살기 좋다는 서남쪽, 도심에서 멀지 않은 위치. 우리는 이 동네에 가보기로 했다. 동네를 방문한 날, 우리는 첫눈에 이곳에 반했다. 사람 사는 냄새가 폴폴 나는 골목과 작은 상점들이 옹기종기 모여 있는 풍경. 이곳은 시타마치로 불리는 서민들의 동네로 화려하고 현대적인 도쿄에 익숙했던 우리 마음을 단박에 흔들었다.

시타마치는 본래 번화가 중에서도 상점과 주거공간이 가깝고 인구밀도가 높은 곳을 말한다. 수로 교통을 통해 자연스럽게 강가나 바닷가 주변에 상업지역이 형성되면서 근처에 주거지역이 생겨났는데, '아래'라는 뜻의 시타(下)와 '동네'라는 뜻인 마치(町)를 붙여 시타마치라고 불렀다고 한다. 현재는 살짝 다른 의미로 주택과 상점이 옹기종기 모여 있으면서 어딘가 촌스러운 옛날 풍경이 엿보이는 곳. 대부분 그런 곳을 시타마치라고 부른다.

시타마치는 도쿄 곳곳에 남아 있다. 도심을 조금 벗어나면 시타마치를 어렵지 않게 발견할 수 있다. 상점들이 다닥다닥 줄지어 있고 크고 작은 집들이 오밀조밀 모여 있는 골목. 해가 질 때쯤 자전거를 타고 장을 보러 온 사람들로 활기를 띠는 상점가, 골목 한쪽 구석에서 지글지글 구워지는 닭꼬치와 함께 이른 저녁부터 맥주 한잔 기울이는 동네 사람들. 도쿄 사람들의 일상을 엿볼 수 있는 곳이다. 도심의 번화가가 일본의 최첨단 기술과 문화를 뽐내고 있다면 시타마치는 이곳 사람들의 생활을 날것 그대로 보여준다.

엄밀히 말하면 무사시코야마는 시타마치라고 딱 잘라 말하기 어려울지 모른다. 주거지로 인기 있는 도쿄 서남쪽에 위치한 탓에 집세가 그다지 싸지 않기 때문이다. 그렇지만 거리 풍경만큼은 시타마치 그대로였다. 역 주변에 아주 긴 상점가가 두 개나 자리한 덕이었다. 긴 상점가의 골목골목은 항상 사람들로 북적이며 활기를 띠었다. 이곳 사람들의 생활이 물씬 느껴지는 풍경 속에서 우리도 자연스레 도쿄 사람이 되어갔다. 퇴근길에는 남편과 역에서 만나 장을 보고, 주말이면 단골가게에서 주인아저씨와 수다를 떨며 술 한잔을 기울이곤 했다.

한국인과 프랑스인. 좀처럼 보기 힘든 커플에게 동네 사람들은 넘치는 관심과 애정을 보여주었다. 동네 축제가 열리면 우리가 참가할 자리를 만들어 주거나 전통 먹거리를 나눠 주거나 하면서 동네의 일원이 될 수 있도록 배려해주었다. 우리도 답례로 한국과 프랑스의 먹거리를 나누며 정을 나눴다. 남편과 나는 종종 이야기한다. 친구들이 선호하던 지유가오카(自由ヶ丘)와 같은 번화가에 살았다면 계속 이방인으로 겉돌며 지냈을 거라고. 시타마치에서 살았기 때문에 현지 사람들의 생활을 피부로 느끼며 그만큼 우리도 이곳의 일부분이 될 수 있었다고 말이다. 바쁜 회사 생활과 긴 타지 생활에 지쳐 있던 우리에게 소속감과 삶의 터전을 마련해준 곳. 그만큼 시타마치 생활은 특별했다.

남편과 나는 도쿄를 다시 찾을 때마다 도쿄 곳곳에 있는 시타마치를 찾아가곤 한다. 이제는 주민에서 관광객이 돼버렸지만 그리운 추억들을 되살리기에 시타마치 만한 곳이 없기 때문이다. 활기 넘치는 상점가를 걷고 있으면 직접 장을 보는 듯한 착각이 들고, 자전거가 놓여 있는 골목들을 걷다 보면 꼭 집으로 향하고 있는 기분이 든다. 짧고도 길었던 4년간의 도쿄 살이를 추억하며 우리는 지금도 시타마치를 걷는다.

가 볼 만한 시타마치

- 야나카긴자(谷中銀座)
  고양이의 거리로 잘 알려진 도쿄의 대표적인 시타마치
- 몬젠나카쵸(門前仲町)
  블루보틀로 유명한 커피 마을 기요스미시라카와의 옆 동네
- 스가모(巣鴨)
  할머니들의 '하라주쿠'로 알려진 곳으로, 어르신들에게 인기 만점인 상점가
- 가쿠게이다이가쿠(学芸大学)
  나카메구로 근처. 젊은이들에게 인기 있는 상점가

선술집과 마스터

일본에 오래 살아본 사람이면 동네 어딘가에 주인을 마스터라고 부르며 집처럼 편하게 드나드는 단골가게가 하나쯤 있을지도 모르겠다. 우리에게도 그런 곳이 있었다. 그곳은 동네 한구석에 있는 평범한 선술집이었다. 북적이던 어느 금요일 밤, 수많은 가게에서 퇴짜를 맞고 우연히 지나가다 들러본 것이 계기였다. 주인아저씨 한 분이 주문부터 요리까지 모든 걸 꾸려나가는 아담한 선술집. 손님들은 혼자 왔는지 술을 홀짝이거나 이따금 주인아저씨와 몇 마디 주고받고 있었다. 적막했지만 편안한 느낌이 들었다. 주문한 요리도 하나같이 맛있었다. 단번에 이곳이 마음에 든 우리는 이후 주인아저씨를 마스터로 부르며 자주 드나들기 시작했다.

우리가 다니던 가게의 마스터는 일본 드라마 〈심야식당〉에 나오는 마스터와 닮았다. 과묵하고 무뚝뚝해 보이지만 세심한 배려로 가게를 운영하는 분이었다. 단골손님의 취향을 세세하게 기억하고 손님의 컨디션에 따라 배려하는 모습이 그랬다. 처음 가게에 들어왔을 때, 편안한 느낌이 들었던 건 우연은 아니었을 것이다. 마음 편한 분위기가 좋아 남편이 없을 때도 종종 혼자 가게를 찾아 마스터와 이야기를 나누며 음식을 즐기곤 했다.

그렇다고 마스터를 잘 알게 된 것은 아니었다. 내가 마스터에게 일방적으로 이야기를 하거나 화젯거리로 대화를 나누는 정도일 뿐, 마스터가 어떤 사람인지는 알 수 없었다. 마스터도 마찬가지였다. 그는 내게 개인적인 질문은 일절 하지 않았다. 우리의 관계는 더도 말고 덜도 말고 철저히 손님과 가게 주인이었다. 그게 조금 서운하기도 했다. 가까운 친구가 될 필요는 없지만 자주 만나 이야기를 나누는데도 꼭 선을 그은 듯 좁혀지지 않는 어색한 거리감이 느껴졌기 때문이었다.

당시 나는 일본에서 산 지 2년째, 회사에 다닌 지 얼마 되지 않았을 때였다. 처음 해보는 사회 경험, 더군다나 타국에서의 회사 생활은 호락호락하지 않았다. 가장 어려웠던 건 역시 문화 차이였다. 현지 동료들과 친하게 지냈지만 문화적 뉘앙스의 차이는 극복하기 힘들었다. 가장 힘들게 했던 건 일본식 인간관계였다. 잘 알려진 대로 일본 사람들은 소위 표면적 행동(다테마에 建前)과 속내(혼네 本音)가 따로 있다고 할 정도로 속내를 잘 드러내지 않는다. 대체로 개인적인 성향도 강해서 사생활의 영역은 절대 침범하지 않는다. 익히 알고는 있었지만 막상 사람들을 접해 보니 그들 문화에 융화되는 건 역시 쉽지 않았다. 어디까지 거리를 둬야 하는지, 뭐가 진심이고 뭐가 표면적인 건지 혼자 고민하는 날이 많았다.

그 초조함은 마스터와 나의 관계까지 이어졌다. 자주 얼굴을 봐도 나는 그저 음식을 먹고 돈을 내는 손님일 뿐이구나, 하는 서운한 감정이 들었다. 그런 내 마음을 아는지 모르는지 마스터는 한결같이 내 이야기를 담담하게 들어주었다.

'내가 아무리 애태워 봐야 변하지도 않을 거, 기대하지 말자.'

나는 마음을 비우기로 했다. 그런데 마음을 비우자 그전까지 보이지 않았던 것들이 눈에 들어오기 시작했다. 항상 맥주를 먼저 마시는 내게 마스터는 앉자마자 바로 맥주를 가져다주었고, 기운이 없을 때면 두툼한 고기 요리를 내오며 "고기를 먹어야 힘을 내지."라며 한마디를 툭 던지곤 했다. 식사의 마무리로는 오차즈케 먹는 걸 좋아했는데, 슬슬 오차즈케 먹을까? 생각하면 신기하게도 테이블엔 오차즈케가 나와 있었다. 꼭 내 마음을 읽는 듯 마스터는 세심히 배려해주고 있었다. 단순한 손님으로서가 아닌 오로지 나를 위한 배려였다. 마스터의 섬세한 마음 씀씀이를 알고 나니 그의 한결같은 태도가 오히려 고맙게 느껴졌다. 또, 나를 기억하고 챙겨주는 곳이 있다는 생각만으로도 마음 한구석이 든든해졌다.

그 무렵이었던 것 같다. 혼자서 속앓이를 하는 날이 적어지고 원만하게 회사 생활을 한 것이. 시간이 해결해준 건지, 마스터 덕분인지 잘 모르겠지만 마스터의 가게를 안식처 삼아 지친 마음을 위로받았던 것은 분명하다.

오랜만에 도쿄를 찾았을 때, 마스터의 가게에 방문했다. 4년 만이었다. 도쿄를 떠날 때 정신이 없어 인사도 제대로 못 하고 갔는데, 그게 마음에 걸렸다. 과연 그 모습 그대로 있을까? 우리를 기억해줄까? 기대 반 걱정 반으로 찾은 마스터의 가게는 4년 전 당시 모습 그대로였다. 시간이 멈춘 듯, 실내 장식의 위치조차 바뀌지 않은 채 우리를 반기고 있었다. 주방에서 음식을 만들던 마스터가 우리를 보고 씩 웃으며 "오랜만이네."라며 인사를 건넸다. 그게 다였다. "맥주로 시작할 거지?"라고 묻는 것 이외엔 별다른 대화는 없었다. 자잘한 대화는 불필요했다. 주방에서 묵묵히 음식을 만드는 마스터의 모습을 보며 여전하다는 생각에 괜히 웃음이 나왔다. 오랜만에 먹는 마스터의 요리는 역시 맛있었다. 느긋하게 사케를 홀짝이며 요리를 즐기고 있으니 마스터도 만족한 눈치. 마지막으로 우동을 주문하려고 하니 양이 꽤 많다며 괜찮냐고 물어왔다. 괜찮다고 하자 "그럼 오차즈케는 안 먹는 거지?"라고 되물었다. 내가 항상 오차즈케로 마무리하던 걸 기억하고 있었구나. 그 한마디에 마음이 따뜻해졌다.

식사를 마무리하고 계산하는데, 떠나기가 아쉬워 한마디 덧붙였다.

"다음에 도쿄에 오게 되면 또 찾아올게요."
"그래, 도쿄에 오면 또 놀러 와. 다음엔 마무리로 오차즈케를 내줄게."

여전히 무뚝뚝했지만 마스터다운 답변이기에 서운하지는 않았다. 다시 와도 같은 자리에서 언제나 맛있는 음식과 오차즈케를 내어줄 테니깐. 그걸로 충분하다. 넓은 도쿄 한구석에 '나만의 심야식당'과 나를 기억해주는 사람이 있다는 것만으로도.

'마스터'라는 명칭

일본에서는 가게 주인을 종종 '마스터'라고 부르곤 한다. 주로 혼자 꾸려나가는 가게의 주인 겸 주방장을 부르는 명칭이다. 격식 없고 친근한 느낌이 들어 주로 단골들이 쓴다. 소문에 의하면 오래전 서양에서 건너온 찻집이 일본 각지에 생기기 시작했을 때, 가게 주인을 서양식 명칭인 '마스터'로 부르던 것이 지금까지 이어져 왔다고 한다.

후지산 바라보며 목욕하기

'센토(錢湯)'라고 불리는 대중목욕탕은 온천수 덕분에 목욕 문화가 발전한 일본에서 빼놓을 수 없는 시설이다. 아직 집 안 목욕탕이 대중화되기 전, 서민들이 지친 심신을 달래며 몸을 담갔던 생활의 공간이기도 하다. 이제는 집마다 보급된 목욕탕 때문에 센토의 인기는 점점 떨어지고 있다. 당연하게도 센토의 수 역시 줄고 있지만 아직 곳곳에서 예전 모습을 간직한 센토를 찾아볼 수 있다. 특히 센토의 전성기였던 쇼와(昭和) 시절의 센토가 몇 군데 남아 있는데, 당시의 독특한 내부가 눈길을 끈다. 일단 남탕과 여탕 사이에 벽은 있지만 천장이 뚫려 있다. 문을 열고 들어가면 주인이 앉아 돈을 받고, 벽을 가운데 두고 양쪽을 볼 수 있도록 의자가 아주 높이 놓여 있다. 그리고 쇼와 시절의 센토 하면 떠오르는 것. 바로 벽 한 면을 메울 정도로 거대한 후지산 그림이다.

언젠가 후지산 그림이 있는 센토 사진을 보고 꼭 가보고 싶어 벼르고 있었다. 세월이 느껴지는 목욕탕에서 후지산을 바라보며 목욕을 한다니, 생각만 해도 설레었다. 마침 놀러 갔던 동네에 오래된 센토가 있다는 소문을 듣고 찾아갔다. 혹시 내부 사진을 찍을 수 있을까 기대하며 개장시간보다 일찍 도착했는데 목욕탕 앞에는 사람들이 벌써 줄을 서서 기다리고 있었다. 대부분 지긋하신 할머니와 할아버지셨다. 자주 보는 사이인지 목욕용품이 들어 있는 바구니를 하나씩 들고 수다 중이셨다.

멀찍이 서서 구경을 하고 있으니 한 할머니가 나를 보시고 목욕하러 왔냐고 물으신다.
"네. 일찍 와서 아무도 없을 때 사진도 찍고 싶었는데, 오늘은 안 될 것 같네요."
어색하게 웃으며 대답하니 할머니가 씩 웃으며 목욕탕 문을 두드리신다.
"야마모토 씨, 아가씨가 왔는데 사진 찍고 싶대."
할머니는 허물없이 주인아저씨에게 부탁하더니 개장하기 전에 얼른 찍고 오라며 내 등을 떠미신다.

할머니의 호의에 얼떨떨하면서도 설레는 마음으로 실내에 들어갔다. 오래된 목조 건물, 뻥 뚫린 천장, 그리고 유리문 사이로 보이는 거대한 후지산! 내가 상상했던 모습 그대로였다. 몇십 년의 세월이 그대로 느껴질 정도로 낡은 시설이었지만 정성스럽게 관리한 듯 반질반질 윤이 났다. 사진을 찍는 사이 손님들이 하나둘 들어오기 시작했다. 카메라는 얼른 가방에 넣어두고 할머니 부대와 함께 목욕탕에 들어갈 채비를 했다.

나는 한국에 살 때 목욕을 즐기는 편이 아니었다. 샤워가 편했고, 얼굴도 모르는 타인과 옷을 벗고 있어야 하는 대중목욕탕은 어색했다. 목욕과 친해진 것은 일본에서 살기 시작하면서부터다. 교환 학생으로 처음 일본에 왔을 때 현지 가정에서 홈스테이를 하며 목욕 문화를 제대로 경험했다. 나를 받아준 곳은 은퇴한 지 얼마 안 된 교사 출신의 노부부 가정이었는데, 한때 교장을 역임한 오토상(일본어로 아빠라는 뜻, 엄마는 오카상. 나는 홈스테이 내내 편하게 오토상, 오카상이라고 부르며 지냈다)은 일본에 왔으니, 일본의 생활풍습을 최대한 따르는 게 어떠냐고 했다.

덥든 춥든 매일 탕에 몸을 담그는 옛날 방식을 고수하던 오토상에게 목욕 문화도 예외는 아니었다. 오토상은 내가 일본의 목욕 문화를 배울 수 있도록 오카상에게 같이 목욕하며 목욕탕 쓰는 법을 알려주라고 부탁했다. 아무리 한 지붕 아래서 매일 보는 사이라지만 좁은 욕실에서 같이 목욕이라니…. 그런데 따뜻한 온기 때문이었을까? 어색함은 금세 사라지고 오카상과 수다를 떨며 즐겁게 목욕을 했다. 그날 이후로 오카상과 목욕 시간도 자주 가졌다. 목욕탕은 나에게 어색하기만 한 곳에서 따스한 공간으로 바뀌었고, 덕분에 홈스테이를 마친 뒤에도 나는 혼자 대중목욕탕을 찾게 되었다.

하지만 왠지 이곳에선 잔뜩 몸이 굳고 긴장이 되었다. 편하게 척척 옷을 벗고 자리를 잡는 할머니들 사이에서 오지에 덩그러니 남겨진 기분이 들었다. 조심스레 욕실 한구석에 자리를 잡으니 곁눈으로 흘끗 보던 할머니가 거긴 다른 사람 자리라며 다른 곳으로 가라고 하신다. 자주 오는 사람들만의 규칙이 있었나 보다. 혹시 단골의 텃세가 있는 건 아닐까 슬슬 걱정되기 시작했다. 어색하게 자리를 옮기고 몸을 씻은 후 탕으로 들어가려는데 아까 그 할머니가 나를 부르신다.

"거기 엄청 뜨거운 탕이야. 이리로 와."

잘 살펴보니 탕이 저온, 보통, 고온 세 가지로 나뉘어 있다. 할머니가 계신 탕으로 들어가자 내가 어색해하는 걸 눈치채셨는지 이것저것 물으며 말을 걸어주신다.

"어디서 왔어?"
"한국에서 왔어요."
"한국? 어머나, 멀리서도 왔네. 일본어는 어디서 배웠어?"
"도쿄에서 4년 살았어요."

대화는 오랫동안 이어졌다. 왜 일본에 왔는지, 결혼은 했는지, 아이는 언제 낳을 것인지 등등 사적인 질문들도 서슴없이 건네는 할머니를 보며 오히려 마음이 포근해졌다. 도쿄에 오래 살았지만 이렇게 허물없이 대화를 주고받는 건 흔치 않은 일이었다. 이게 목욕탕의 마법일까? 긴장은 금세 풀리고 다른 할머니들까지 합세해 목욕탕의 역사와 동네 이야기 등 많은 이야기를 나누었다. 텃세를 부리진 않을까 걱정했던 내가 바보같이 느껴지던 순간이었다.

한 시간이 훌쩍 넘었는데도 할머니들의 수다는 끝날 줄 모르고 계속되었다. 매일 이렇게 목욕을 하며 동지들과 함께 여가 시간을 보내시는구나. 내가 몰랐던 일본 어르신들의 생활을 엿본 듯한 기분이 들었다. 아니, 체험해봤다는 표현이 맞겠다.

개운해진 몸으로 거리에 나서는데, 조금 전까지 목욕탕에 있었다는 게 실감 나지 않았다. 거대한 후지산 그림 아래서 처음 본 동네 할머니들과 목욕을 하다니. 타임머신을 타고 정겨운 쇼와 시절로 돌아간 듯한 기분이었다. 수많은 센토를 다녀봤지만, 후지산이 그려진 센토는 역시 특별했다.

후지산을 보며 목욕할 수 있는 센토

○ **도키와유**(常盤湯)
  주소 東京都江東区常盤 2-3-8   운영 15:30~23:00(목요일 휴무)
○ **치요노유**(千代の湯)
  주소 東京都中野区中央 3-16-12   운영 15:45~24:00(토요일 휴무)

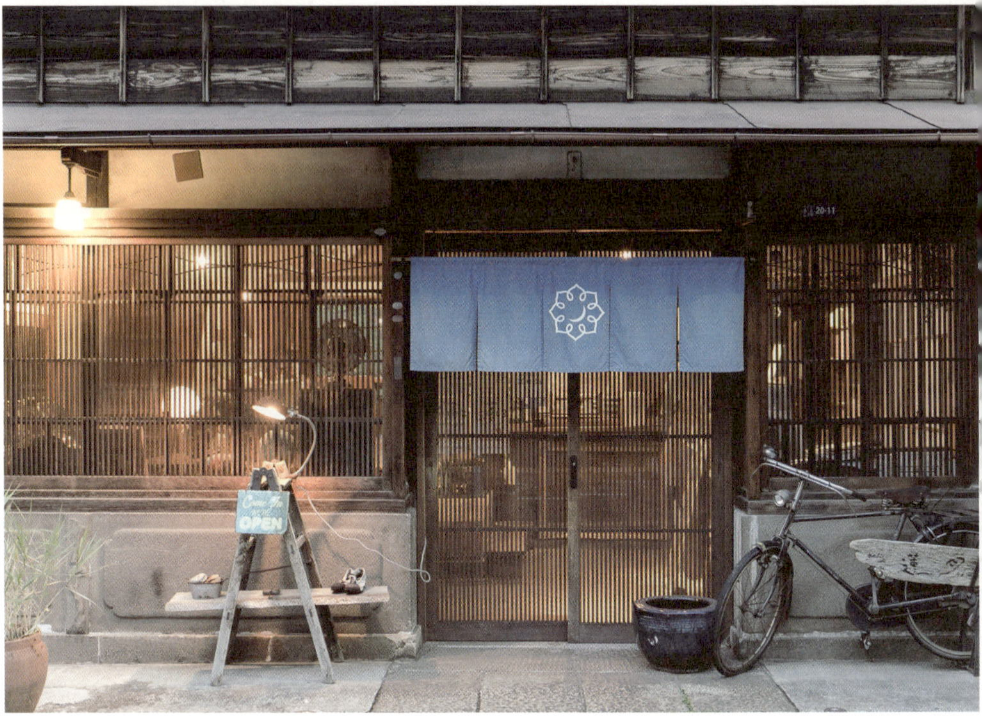
OPEN
20-11

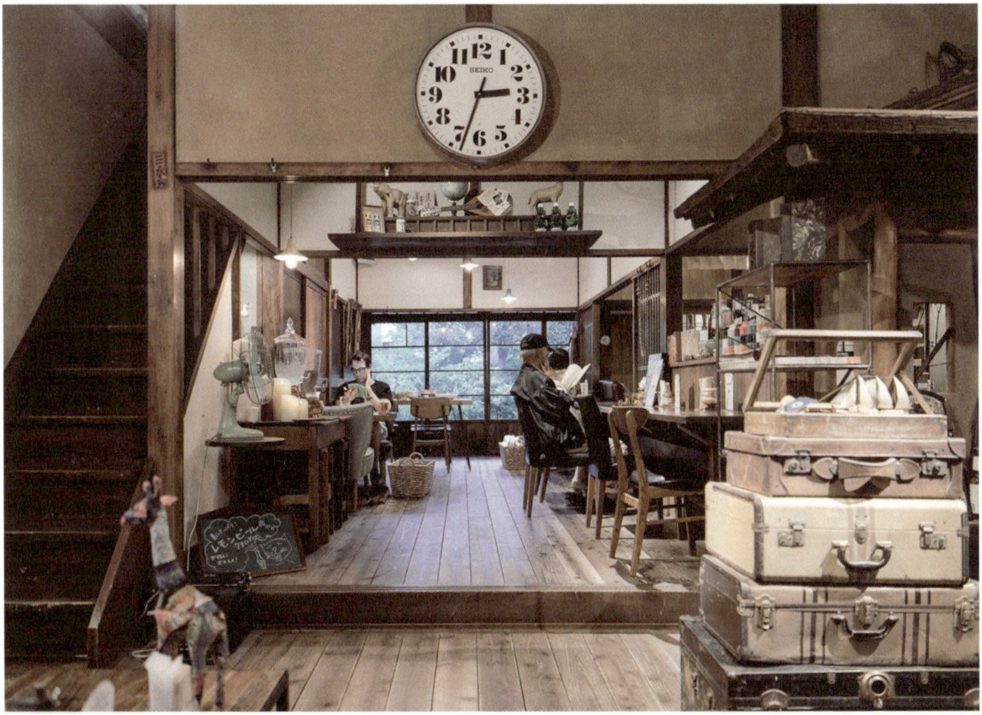
SEIKO

삐걱거리는 나무 바닥

부슬부슬 비가 내리는 날, 예전부터 눈여겨봤던 카페를 찾았다. 90년이 넘은 오래된 목조 건물을 개조해 카페로 재탄생시킨 곳이었다. 평범한 주택들 사이에 자리 잡은 카페는 한눈에 봐도 오랜 역사가 느껴지는 외관이었다. 미닫이문을 열고 들어가니 고풍스러운 내부가 나왔다. 뒤틀린 듯한 나무 바닥과 창틀, 그리고 낡은 소품들에서 세월의 흔적이 고스란히 느껴졌다. 오래됐지만 시간을 들여 정성스럽게 관리했는지 어디든 반짝반짝 깨끗했다. 건물에 대한 주인의 애정을 오롯이 알 수 있는 내부였다.

이곳은 원래 '렌게츠안(蓮月庵)'이라는 이름의 소바집이었다. 고령으로 노쇠해진 주인이 소바집을 닫으면서 결국 건물은 폐허가 되어 버렸고, 이를 안타까워하던 동네 사람들이 건물을 다시 살려보자고 머리를 맞댄 결과, 카페 '렌게츠'가 탄생하게 되었다. 당시 소바집으로 쓰였던 1층은 카페 공간으로, 연회장으로 쓰였던 2층은 다다미방을 그대로 남겨두고 대여 공간으로 활용하고 있다. 당시 그 모습을 최대한 보존하려고 애쓰면서도 카페라는 새로운 공간으로 90년 역사에 다시금 활기를 불어넣은 것이다.

카페 렌게츠는 동네의 역사를 간직한 건물을 지키려는 이곳 주민들의 애정이 듬뿍 담겨 있는 곳이다. 그래서인지 내부에는 내 집처럼 편하게 시간을 보내고 있는 동네 사람들이 눈에 띄었다. 조곤조곤 수다를 떠는 아주머니들, 조용히 혼자 책을 읽고 있는 할아버지, 커피를 음미하는 젊은 여성…. 평화롭고 아늑한 분위기는 꼭 오래된 시골집에 놀러 온 기분이 들게 했다. 차분하게 차 한 잔을 하고 카페 내부를 유심히 둘러봤다.

'삐거덕삐거덕'

오래된 나무 바닥은 자신의 존재감을 알리기라도 하듯 발걸음을 옮길 때마다 소리를 내었다. 녹음이 우거진 창밖으로 '투둑투둑' 빗방울 떨어지는 소리도 들렸다. 이따금 비바람에 창틀이 흔들리며 '달그락달그락' 소리까지 났다. 꼭 악기의 삼중주를 듣고 있는 것 같았다. 안 그래도 고풍스러운 내부에 더욱 운치가 더해졌다.

삐걱거리는 나무 바닥의 소리를 듣고 있자니 처음 일본에 왔을 때가 떠올랐다. 홈스테이를 하며 지냈던 곳은 이곳처럼 전통 목조 건물은 아니었지만 지은 지 꽤 오래된 이층집 주택이었다. 낡은 나무 바닥인 탓에 발걸음을 옮길 때마다 삐걱삐걱 소리가 집 전체에 울려 퍼졌다. 늦잠을 자볼까 하다가도 아침 일찍 애완견과 산책하러 가는 오토상과 오카상의 발걸음에 맞춰 삐걱거리는 소리에 결국 눈을 비비고 일어나 같이 산책하러 나가곤 했다. 그래서 나무 바닥의 소리를 들을 때면 자연스레 그때의 추억이 떠오른다.

추억 가득한 홈스테이 이층집은 아쉽게도 도로가 되어버렸다. 도로를 확장하려는 도시계획에 따라 집이 철거된 것이다. 그 후 오토상과 오카상은 고향으로 돌아가 주택이 아닌 아파트에 자리를 잡았다. 손이 많이 가는 주택 대신 관리가 편한 아파트에서 노후를 보내고 싶다는 결정이었다. 두 분의 오랜 생활이 고스란히 담겨 있던 보금자리와 함께 내가 일본에서 생활을 시작했던 흔적도 그렇게 사라져 버렸다.

세월이 흐르고 시대가 변하면서 많은 것이 변화한다. 그만큼 생활은 편리해지고 삶의 질은 높아진다. 그렇지만 동시에 잃는 것도 분명히 있다. 오랫동안 이어온 가치와 생활 방식, 많은 이들의 추억거리들이 그렇다. 편리함 앞에서 그것들을 온전히 지켜내기란 쉽지 않다. 그래서 '렌게츠'와 같은 카페가 더 소중하게 느껴지는 건지도 모른다. 내 추억의 장소는 사라졌지만, 이곳 사람들의 추억의 장소만은 오래오래 남기를 바라본다.

오래된 목조 건물을 개조해 만든 카페

○ 렌게츠(蓮月)
   주소 東京都大田区池上2-20-11 운영 월~목 10:00~17:00, 금~일 10:00~22:00
○ 고소안(古桑庵)
   주소 東京都目黒区自由が丘1-24-23 운영 11:00~18:30(수요일 휴무)
○ 잉글리쉬 티하우스 페코(イングリッシュティーハウス ペコ)
   주소 東京都台東区池之端4-22-8 운영 12:30~18:00(월·화요일 휴무)

생활 속의 일본, 상점가

집들이 옹기종기 모여 있는 주택가라면 어김없이 자리 잡고 있는 상점가. 과일가게, 세탁소, 열쇠점, 정육점, 반찬가게 등등 소규모 가게들이 다닥다닥 줄지어 있는 이곳 상점가는 매일 아침저녁으로 수많은 일본 사람들의 생활을 지탱해주고 있다. 그야말로 이곳 사람들의 삶 자체가 그대로 녹아 있는 서민들의 장소다. 꼭 우리네 아파트 상가 건물이 그렇듯 일본의 동네 상점가에서는 사람들의 소박한 일상과 이웃 간의 정을 면밀히 느낄 수 있다.

우리가 일본에 살 때도 상점가는 일상에서 빼놓을 수 없는 존재였다. 구두 수선을 하러, 반찬거리를 사러, 드라이클리닝을 맡기러 등등 거의 매일 집 근처 상점가에 들르며 일상생활에 필요한 대부분을 해결하곤 했다. 처음에 모든 것이 낯설었던 우리에게 상점가는 동네 사람들과 접할 수 있는 만남의 공간이기도 했다. 과일을 사며 주인과 인사를 나누던 것이 수다로 이어지고, 그러다 가게를 찾아온 또다른 동네 사람들이 수다에 합세하고⋯. 그렇게 우리는 자연스레 이웃들의 얼굴을 익히고 동네의 일원이 되어갔다.

당시의 습관 때문인지 지금도 도쿄를 찾을 때면 어김없이 상점가를 들르게 된다. 반듯반듯하고 커다란 쇼핑센터도 좋지만 각기 개성 있는 작은 가게들이 모인 상점가에 와야 비로소 진짜 도쿄를 봤다는 생각이 들기 때문이다. 세련되고 화려한 도쿄지만 도심을 조금만 벗어나면 주택단지의 상점가를 손쉽게 만날 수 있는데, 그중 가장 대표적인 곳이 도고시긴자(戶越銀座) 상점가이다.

이곳이 일본 내에서 큰 인기를 끄는 이유는 바로 엄청난 규모 덕분이다. 총 1.3km에 달하는 끝이 보이지 않는 거리에 무려 400개가 넘는 상점들이 들어서 있다. 제대로 다 둘러보려면 반나절은 꼬박 걸린다. 과연 일본 상점가의 집대성이라고 해도 과언이 아니다. 여기에 상점가 이름을 딴 역이 바로 옆에 자리해 있어 접근성도 좋다.

현지에서는 상점가 가게에서 먹을거리를 사서 걸어 다니면서 먹는 일명 'B급 구루메'도 인기를 끌고 있다. 그도 그럴 것이 꼭 시장을 방불케 할 정도로 다양한 한 입 거리 음식을 파는 가게가 즐비하기 때문이다. 방금 갓 튀긴 고로케, 닭꼬치, 만두, 오뎅 등 거리를 걷다 보면 어디선가 솔솔 풍겨오는 맛있는 냄새에 나도 모르게 발걸음을 멈추게 된다. 길에서 음식을 먹으면서 돌아다니는 것을 실례로 여기는 일본이지만 이곳에서만큼은 너나 할 것 없이 모두 손 한가득 먹거리를 들고 돌아다닌다. 깔끔한 체를 하며 예의를 차리기보단 편하게 마음껏 즐기자는 암묵적인 합의가 이루어진 듯 구수한 서민적인 풍경이 펼쳐진다. 다양한 먹거리로 허기를 채운 후 1km가 넘는 상점가를 돌아다니며 가지각색의 가게들을 구경한다. 타임머신을 타고 온 것 같은 쓰러져가는 고물상, 싱싱한 제철과일들이 나와 있는 과일가게, 아이들로 북적이는 장난감가게 등등 눈으로 구경하는 것만으로도 이미 즐겁다.

상점가의 하이라이트는 늦은 오후부터 시작된다. 저녁을 앞두고 장을 보러 온 사람들과 자전거 행렬로 상점가는 순간에 생기가 돌기 시작한다. 그리고 해가 뉘엿뉘엿 지며 하늘이 주황빛으로 물들면 딸랑딸랑 종소리와 함께 전철 한 대가 상점가를 가로지른다. 어딘가 정겨우면서도 이색적인 이 풍경이 많은 사람이 도고시긴자 상점가를 찾는 이유다. 그리고 또 하나는 이 상점가의 상징 같은 존재인 하나짱. 매일 담뱃가게로 출근하는 고양이로 가게의 작은 구멍 사이에 앉아 종일 지나가는 사람들을 관찰하고 있다. 무표정의 시크한 얼굴이 매력 만점. 이제 모르는 사람이 없을 정도로 유명한 인사, 아니 냥사(?)가 되었다.

화려한 도심에서는 미처 보이지 않는 생활 속의 일본을 엿볼 수 있는 상점가. 관광객들로 북적이는 뻔한 곳이 아닌 사람 냄새가 폴폴 나는 진정한 일본을 느끼고 싶다면 이곳이 정답이다.

아케이드 상점가

상점가 중에서도 천장이 설치된 곳이 종종 있다. 아케이드식 상점가라고 불리는데 특히 비가 올 때 이용하기 좋다. 도쿄에서 가장 긴 아케이드식 상점가는 무사시코야마역의 파루무(パルム) 상점가. 도고시긴자 상점가와는 걸어서 10분 거리에 있다.

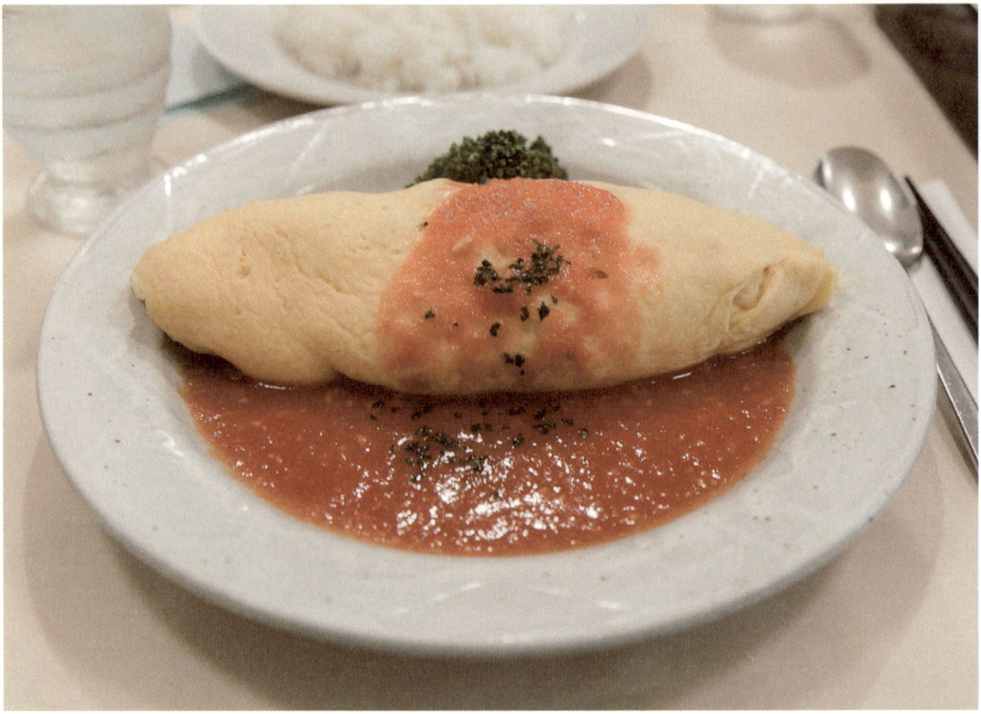

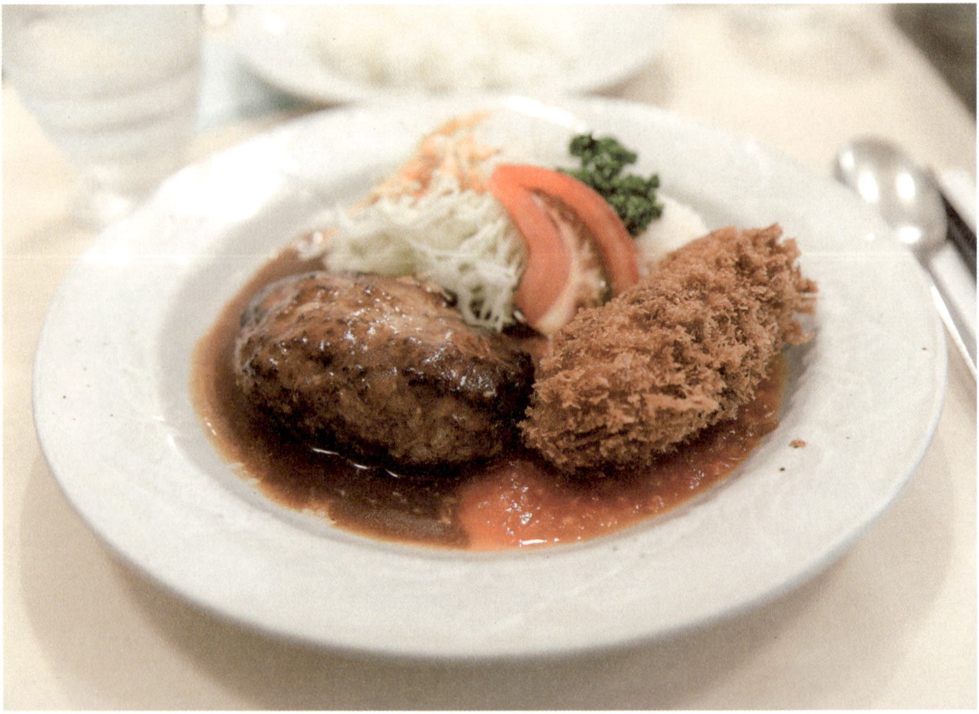

추억의 맛, 경양식

'함바그 스테이크, 돈가스, 오므라이스…'
지금은 분식집 음식으로 전락해버렸지만, 경양식이 최고의 외식이던 때가 있었다. 살짝 어두컴컴한 내부에 잔잔한 클래식 음악이 흐르고, 젓가락과 숟가락이 아닌 포크와 나이프로 우아하게 '칼질'을 하는 곳. 경양식집은 생일이나 입학식 같은 특별한 날에만 가는 곳이었다. 패스트푸드가 들어오면서 외식 메뉴는 순식간에 피자와 햄버거로 바뀌었지만 여전히 경양식은 그리운 추억의 맛으로 남아 있다. 아마도 초등학교 입학식 날, 설레는 마음으로 엄마의 손을 꼭 붙잡고 함바그 스테이크를 먹으러 갔던 기억 때문이리라.

어린 시절 즐겨 먹었던 경양식이 사실은 일본에서 건너온 음식이라고 알게 된 것은 도쿄에 살면서부터이다. 조리법뿐 아니라 명칭마

저 일본식 이름을 그대로 빌렸다. 경양식의 대표 격인 돈가스는 '돼지'를 뜻하는 '돈(豚)'에 'Cutlet'의 일본식 발음 '카츠'를 더해 탄생한 것으로 잘 알려져 있다. 메이지 시대 때 서양 문화 개방과 함께 대거 유입된 서양 음식은 일본인 입맛에 맞게 현지화되기 시작했다. 그 결과 우리에게도 친숙한 '일본식 서양 음식'이 탄생했다. 오므라이스, 함바그 스테이크, 하이라이스, 고로케 등으로 대표되는 이 음식 장르를 일본에서는 양식(洋食), 요우쇼쿠라고 부른다. 한자 그대로 '서양의 음식'이라는 뜻이지만 맛도 정체성도 이름도 일본 음식의 한 종류라고 하는 쪽이 더 수긍이 간다.

우리나라에서는 이제 분식집에서나 볼 수 있는 경양식이 일본에서는 아직도 꾸준히 인기를 끌고 있다. '렌가테이(煉瓦亭)'와 같이 메이지 시대 때부터 이어져 온 식당이 당시 모습 그대로 운영되고 있는가 하면, '도요우켄(東洋軒)'과 같이 유명한 고급 프렌치 레스토랑에서 직접 운영하는 곳까지. 다양한 형태와 가격대의 경양식집을 어디서든 쉽게 찾을 수 있다. 정통 프렌치, 이탈리안 식당들이 우후죽순 생기는 동안에도 자칫 촌스러워 보이는 경양식이 인기를 끌고 있는 이유는 왜일까? 바로 일본 사람들에게 잊을 수 없는 '추억의 맛'이기 때문이다. 우리네가 그랬듯이 일본에서도 유년 시절의 추억이 그대로 담겨 있는 음식이 바로 경양식이다. 서양 음식이 지금같이 대중화되지 않았던 시절, 익숙지 않은 포크와 나이프를 써보고 일본 음식에는 흔치 않은 커다란 고깃덩어리를 맛볼 수 있던 추억. 그래서 일본의 경양식은 젊은 사람보다 중장년층에게 더 인기가 있는 것 같다. 그런 고객층을 반영한 듯 대부분의 경양식집은 살짝 촌스러워 보이는 옛날식 분위기를 풍긴다. 세련된 맛은 없지만 대신 포근함을 느낄 수 있다.

내가 도쿄에 살 때 자주 다녔던 경양식집도 그런 곳이었다. 상점가 한쪽에 있는 가게로 이름마저 어설픈 영어가 아닌 한자어였으니 젊은 사람들보다는 중장년층을 타깃으로 한 곳이었다. 반듯하면서도 깔끔한 내부지만 조금만 둘러보면 세월의 흔적이 곳곳에서 묻어났다. 손님은 가족 단위거나 나이가 지긋하신 분들이 대부분이었다. 단골들이 많이 찾는지 할머니뻘 되는 종업원 분은 언제나 손님들과 수다를 떨고 있었다. 그 모습에 언제 와도 마음이 편해지는 집 같은 곳이었다.

이곳을 자주 찾게 된 것은 비단 포근한 분위기뿐만은 아니었다. 요리도 하나같이 훌륭했다. 수많은 메뉴 중에서도 내가 가장 좋아한 메뉴는 오므라이스와 게살크림고로케였다. 매끈한 달걀 지단 속에 숨어 있는 달짝지근한 볶음밥과 새콤한 소스, 바삭한 튀김 안에서 흘러나오는 게 향 가득한 크림. 한국에서 먹었던 오므라이스와 고로케와는 살짝 다른 맛이었지만 어딘가 모르게 그리움이 깃든 맛이었다. 그래서인지 이곳의 음식을 먹을 때면 어린 시절 설렘을 안고 경양식집에 가던 때가 떠오르곤 했다.

아무런 연고도 없는 타국에서 유년 시절의 추억을 떠올리다니. 그 때문인지 타국살이에 지쳐 마음이 헛헛해질 때는 이곳을 찾았다. 그리움과 익숙함이 깃든 요리로 배를 채우면 마음속 빈자리가 채워졌다. 그렇게 경양식이라는 연결고리로 한국과 일본, 어린 시절과 지금을 오갔다. 나만의 은밀한 추억 여행인 셈이었다.

추천 도쿄의 경양식집

○ 렌가테이(煉瓦亭)
　주소 東京都中央区銀座 3 - 5 - 16　운영 11:15~15:00, 16:40~ 21:00(일요일 휴무)
○ 아자부쇼쿠도(麻布食堂)
　주소 東京都港区西麻布 4 - 18 - 1 麻布ウェスト B1F　운영 11:30~14:00, 17:30~21:30(일·월요일 휴무)
○ 도우카(陶花)
　주소 東京都品川区平塚 2 - 18 - 3　운영 11:30~14:30, 17:00~22:00(매주 목요일·세 번째 수요일 휴무)

옛 정취 가득한 야네센 산책

도쿄에서 반나절이 주어진다면? 도쿄의 대표적인 번화가 시부야나 신주쿠, 현대적 건축물이 인상적인 롯폰기나 오다이바, 전통문화 체험을 할 수 있는 아사쿠사…. 가볼 곳은 한없이 많다. 하지만 누군가 나에게 이 질문을 해온다면 주저 없이 '야네센(谷根千)'을 추천할 것이다.

야네센은 도쿄 북서쪽에 나란히 모여 있는 세 동네를 묶은 지역을 말한다. 각 동네의 이름인 야나카긴자, 네즈, 센다기의 앞글자를 따 '야네센'이란 별명이 붙었다. 이미 현지 사람들에게 도쿄에서 꼭 가봐야 할 명소로 큰 인기를 끌고 있는 곳으로 제2차 세계대전 당시 도시 전체가 불에 휩싸였을 때 기적적으로 불길이 닿지 않은 곳 중 하나다. 그 덕에 야네센에는 당시의 건물들이 많이 남아 있다. 여기에 안주하지 않고 동네 사람들은 옛 건물들의 가치를 알아보고 당시의 모습 그대로 보존하려고 애써왔다. 생긴 지 50년이 넘는 붕어빵가게, 120년이 넘는 센베가게, 80년이 넘는 찻집…. 야네센을 산책하다 보면 흔히 마주칠 수 있는 곳들이다.

이곳이 현지 사람들에게 사랑을 받는 건 단지 오래된 건물에서 흘러나오는 옛 정취 때문만은 아니다. 세월의 흔적이 느껴지는 전통적인 거리와 풍경은 교토와 비슷하지만, 교토만큼의 화려함은 없다. 어딘가 소박하고 포근하다. 그래서 구불구불 골목길을 걷고 있다 보면 오래된 추억이 간질간질 되살아난다. 어린 시절 소꿉친구들과 숨바꼭질을 하고, 땅따먹기를 했던 골목길이 떠오르며 잊고 있던 추억들을 하나씩 더듬게 된다. 그건 나뿐만이 아닌가 보다. TV나 잡지에서 이곳을 '추억의 거리'로 소개하는 것을 쉽게 볼 수 있으니 말이다.

일에 치여 우울해지면 종종 야네센을 찾았다. 우선 이곳의 명물 붕어빵을 하나 덥석 물고 네즈의 신사 안을 걷는 것으로 시작한다. 그 다음 구불구불한 '뱀' 골목길을 지나고, 중고 책방에 들러 책을 뒤적이다가, 추억의 과자가게에서 '쫀드기'를 사고, 오래된 찻집에서 커피 한 잔을 한다. 고요한 절도 빼놓을 수 없다.

그렇게 한나절을 걷다 보면 야네센의 하이라이트, 야나카긴자에 도착한다. 북적이는 상점가에서 고로케나 도넛 같은 먹거리까지 손에 들고 나면 어느새 노을 계단이라 불리는 '유우야케단단(夕やけだんだん)'이다. 해가 질 때쯤, 계단을 오르다 뒤를 돌아보면 저 멀리 황금빛으로 곱게 물든 동네가 한눈에 들어온다. 가만히 동네를 바라보고 있으면 일상에 지쳐 구깃해진 마음도 활짝 펴진다. 바쁜 도심 생활에서 벗어나 한 박자 쉬어갈 수 있는 곳, 야네센에서 보내는 한나절은 그래서 소중하다.

야나카긴자 와 고양이

야나카긴자는 고양이 마을로도 잘 알려져 있다. 곳곳에서 고양이 캐릭터를 찾을 수 있으며, 실제 고양이들을 골목에서 마주치기도 한다.

야구 사랑

0:5

영대오. 아직도 잊을 수 없는 숫자다. 숫자만 봐도 당시의 패배가 떠올라 가슴이 쓰라린다. 그리고 당시의 뜨거웠던 여름과 매주 얼굴을 마주했던 동료들이 떠오른다.

도쿄에서 입사한 지 얼마 안 됐을 때, 쉬는 시간에 몇몇 남자 동료들이 모여 야구 연습 이야기에 열을 올리고 있었다.

"그거 재밌겠는데요?"

괜히 한마디 거든 게 화근이었다. 동료들은 화색이 되더니 나에게 연습팀에 들어오라고 적극 권유하기 시작했다. 당시 야구를 잘 몰라 머뭇거리자 동료들은 부사장님까지 대동해 나를 설득했다. 같은 계열 산업위원회에서 소프트볼 대회를 여는데 참가 조건이 1명 이상의 여성이 참여하는 것이었다. 내가 팀에 들어온다면 대회 참가가 가능하다고 했다. 그렇게 회사 팀의 대회 참가 운명을 떠맡으며 얼떨결에 연습팀에 합류하게 되었다. 여자 동료들은 그 소식을 듣자마자 안타까워했고, 순진한 외국인 신입사원을 꼬드겼다며 남자 동료들을 나무랐다.

다들 왜 하기 싫어하지? 의아해하던 나는 연습 첫날 그 답을 찾았다. 9월 시합을 위해 연습을 시작한 게 7월 초. 도쿄의 여름이 얼마나 무더웠는지 잊고 있었던 것이다. 아침 일찍 연습을 시작했지만 얼마 지나지 않아 온몸은 금세 땀으로 범벅이 되었다. 방망이를 휘두르는 법도, 공을 던지는 법도 모르는 나에게는 강도 높은 훈련이 주어졌다. 여자라고 봐주는 법이 없었다. 그렇게 매주 토요일 아침 7시부터 11시까지 공포의 훈련이 나를 기다리고 있었다.

설렁설렁 연습하며 친목도 다지는, 그런 흔한 동호회 활동이라고 생각했던 것은 큰 착각이었다. 다들 하나같이 진지하게 훈련에 임했다. 심지어 이른 아침 연습을 위해 금요일 밤 회식을 피하는 동료들도 있었다. 대부분 아이가 한둘씩 있는 30~40대 남자들. 가족과 개인 시간까지 희생하면서 열을 올리는 모습을 보며 물었다. "이렇게 다들 열심히 연습할 줄은 몰랐어요. 안 힘드세요?" 그랬더니 한 동료가 씩 웃으며 답했다.

"초등학생 때부터 해왔는걸. 이렇게 연습할 팀이 있는 게 오히려 더 고맙지."

알고 보니 어렸을 때부터 쭉 야구를 취미로 해왔던 사람들이 대다수였다. 주말의 야구 연습은 평생 지속해 온 생활의 일부였던 것이다. 연습장 주위를 둘러보니 어린 학생들부터 나이 지긋하신 분들까지 다양한 연령층이 눈에 띄었다. '이렇게 많은 사람이 야구를 즐기고 있구나…' 말로만 듣던 일본 야구의 인기가 실감 났다.

주말의 텅 빈 학교에는 언제나 야구를 연습하고 있는 어린이들로 가득했고, 스포츠 뉴스의 첫 기사는 어김없이 야구 소식이었다. 프로 야구는 물론 고등학교 야구도 큰 인기를 끌었다. 서점에는 수많은 야구 전문 잡지와 서적이 자리를 차지했고, 야구를 소재로 하는 만화가 인기였다. 야구는 일본 사람들의 생활 곳곳에 스며들어 있었다. 요즘엔 축구가 대세라지만 야구의 인기와는 비교할 수가 없다. 그만큼 일본 사람들의 야구 사랑은 대단했다.

두 달 동안 만반의 준비를 하고 나간 대회에서 우리는 처참하게 완패를 당했다. 영대오. 1점도 못 따다니. 허탈했지만 그동안 열심히 연습해 온 서로를 다독였다. 아쉽지만 그 시합을 끝으로 나는 미련 없이 팀을 떠났다. 그리고 이듬해 새로 들어온 순진한 신입사원에게 그 자리를 물려(?)주었다.

비록 팀은 떠났지만 야구의 매력에 빠져 동료들과 함께 퇴근 후 틈틈이 야구 시합을 보러 다녔다. 경기장을 가득 메운 관객들이 선수들에게 쏟아붓는 함성과 응원. 언제 들어도 짜릿함이 느껴졌다. 그 열기에 취해 나도 함성을 지르며 회사에서 받은 스트레스를 마음껏 풀곤 했다.

오랜만에 도쿄를 방문했을 때, 친한 동료들이 야구 시합을 보러 가자며 연락을 해왔다. 경기장에 가니 옛날 생각이 나면서 두근거렸다. 그런데 설레는 기분도 잠시, 갑자기 비가 내리기 시작했다. 순식간에 다들 비에 쫄딱 맞은 생쥐 꼴이 된 것을 보고 한 동료가 말했다. "신세 참 처량한걸. 그래도 영대오로 졌던 그날보다는 괜찮네." 그 말에 모두 깔깔 웃음이 터졌다. 영대오. 잊지 못한 건 나뿐만이 아니었나 보다.

일본 야구

일본의 프로 야구 시즌은 3월부터 11월까지 거의 일 년 내내 다양한 시합들이 기다리고 있다. 도쿄에는 도쿄돔과 메이지진구 야구장 두 곳에서 시합이 열린다. 표를 구하는 가장 빠르고 편한 방법은 편의점의 티켓 기계를 이용하는 것이다.

여름의 하이라이트, 마쓰리

일본의 여름은 덥다. 아니, 덥다는 말로는 성에 안 찬다. 섬나라인 탓에 습도까지 높아 여름 내내 푹푹 찌고 끈적끈적한 날씨가 이어진다. 그래서 도쿄에 살 때 여름만 되면 더위에 지쳐 내내 불평을 늘어놨던 기억이 있다. 그런데 돌이켜보면 도쿄 생활 중 여름과 관련된 추억이 가장 많다는 것이 아이러니하다. 그건 아마도 여름 내내 다양한 이벤트가 일본 각지에서 열리기 때문일 것이다. 그중 여름에 빠질 수 없는 것이 바로 마쓰리(祭り)다.

본격적인 여름이 시작되는 7월부터 9월까지 일본은 그야말로 온통 축제 분위기이다. 여름의 풍경 하면 마쓰리가 연상되는 것도 당연하다. 그것도 그럴 것이 큰 도시를 시작으로 작은 동네 단위까지 매주 끊임없이 마쓰리가 열리고 있기 때문이다. 여름 내내 어디서든

일본 전통의상인 유카타(浴衣)를 입은 사람들이 보이고, 주말 저녁이면 어디선가 어김없이 북소리와 함성이 들려온다. 사실 일본에서는 일 년 내내 다양한 마쓰리가 열릴 만큼 축제를 즐기는데, 대부분은 여름에 집중되어 있다. 우리나라의 추석과 같은 일본의 최대 명절, 오봉(お盆, 8월 15일)을 전후로 특히 더 많다. 마쓰리가 활발히 열리는 이유는 전통을 따르는 취지인 동시에 지역 공동체를 한데 묶어 사회 문제를 돌파한다는 뜻도 담겨 있다. 또, 한여름의 무더위를 다 같이 신나게 이겨내자는 의미도 있다.

여름에 열리는 마쓰리는 대략 두 종류로 나뉜다. 봉오도리(盆踊り)와 같은 일본 전통춤을 추며 퍼레이드를 하는 비교적 규모가 큰 마쓰리와 동네의 상점가를 중심으로 행해지는 미코시 마쓰리이다. 그 중에서도 미코시 마쓰리는 동네 사람들이 직접 준비부터 당일 행사까지 하나하나 힘을 모아 진행한다. 일본 공동체 생활의 단면을 가까이서 엿볼 수 있는 행사인 셈이다.

미코시 마쓰리의 하이라이트는 단연 미코시 끌기. 일본 어디서든 찾아볼 수 있는 신사에는 각각의 다양한 신이 모셔져 있는데 그 신을 모시고 이동할 때 쓰는 가마가 바로 미코시(神輿)이다. 미코시 위에 신을 모시고 동네를 돌아다니면 동네의 불운과 재앙을 막아준다는 이야기가 전해진다. 축제 열기가 한껏 달아오르는 저녁이 되면 동네 사람들은 핫피(法被)라는 축제용 옷을 입고 다 같이 미코시를 어깨에 올린다. 그리고 힘을 합쳐 미코시를 이고 골목을 돌아다니기 시작하고 거리에는 미코시 끌기를 응원하는 동네 사람들로 북적인다. 곧이어 '왓쇼이!' '돗코이!' 다들 한마음으로 응원 구호를 외치고 북과 전통악기를 연주하며 흥을 올린다. 그야말로 동네 사람들의 끈끈한 유대감과 협동심을 느낄 수 있는 행사이다.

도쿄에 사는 동안 남편과 나는 빠짐없이 동네 미코시 마쓰리에 참가했다. 외국인으로서 동네 사람들과 어울릴 귀한 기회를 놓치고 싶지 않기도 했지만 무엇보다 같은 아파트에 사는 마쓰리 준비 위원회의 부회장님이 매년 우리를 특별히 챙겨주었기 때문이다. 특히 남편에게 절대 빠지지 말라고 신신당부를 했는데, 거대한 미코시를 끌려면 건장한 젊은 남자가 최대한 많이 필요하기 때문이었다. 열댓 명의 건장한 남자들이 짊어지어도 어찌나 무거운지 다들 신음을 절로 냈다. 남편은 특히나 키가 커서 어깨에 무게가 많이 실리는지 미코시 끌기가 끝나면 항상 퍼렇게 멍이 들곤 했다.

비록 고통은 따르나 참가의 보람은 컸다. 우리가 가장 즐겼던 건 바로 마쓰리가 끝난 후 가지는 뒤풀이 모임. 수고했다는 의미로 푸짐한 한 상이 펼쳐지고 모두 흥에 겨워 밤새 술을 마시며 밀린 수다를 떠는 시간이었다. '잇키! 잇키!(원샷! 원샷!)'를 외치며 한 명씩 병째로 사케를 벌컥벌컥 마시거나 구수한 한 곡조를 뽑아내며 다 같이 춤을 추거나 한다. 평소에 봐왔던 점잖은 사람들은 온데간데없다. 그래놓고 다음 날 거리에서 마주치면 다시 점잖게 인사를 하니, 하룻밤 사이에 돌변한 모습이 어찌나 재밌던지.

생각해보면 '학교 운동회 이후로 이렇게 한마음으로 단체 생활을 해본 적이 있었나?' 싶었다. 그만큼 개인주의 생활에 익숙해져 있었다. 친한 이웃 몇몇과 종종 교류할 뿐, 동네 사람 전체가 한마을 사람이라는 공동체 의식은 희미했다. 외국에서 온 탓에 소속감을 느끼기 더욱 힘들었을지도 모른다. 그럴 때 마쓰리는 바쁜 일상 속에서 잊고 있었던 공동체 의식, 서로 돕고 산다는 연대감을 일깨워주었다. 다 같이 흥을 내며 한여름의 무더위를 날려 보냈던 여름의 하이라이트. 일본의 여름 하면 마쓰리의 풍경이 가장 먼저 떠오른다.

마쓰리

동네 마쓰리는 대부분 8월 중순부터 9월 초에 집중되어 있다. 큰 규모의 마쓰리 정보는 인터넷에서 찾을 수 있지만 작은 동네 단위의 마쓰리는 대부분 골목에 놓여 있는 게시판 보드에서 그 정보를 찾을 수 있다.

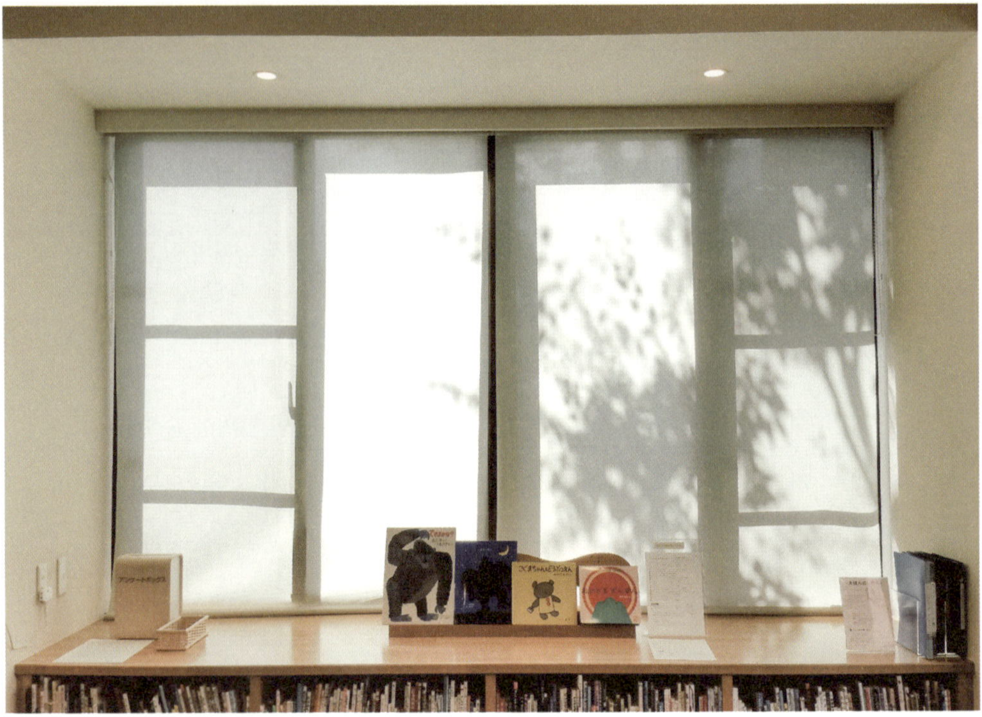

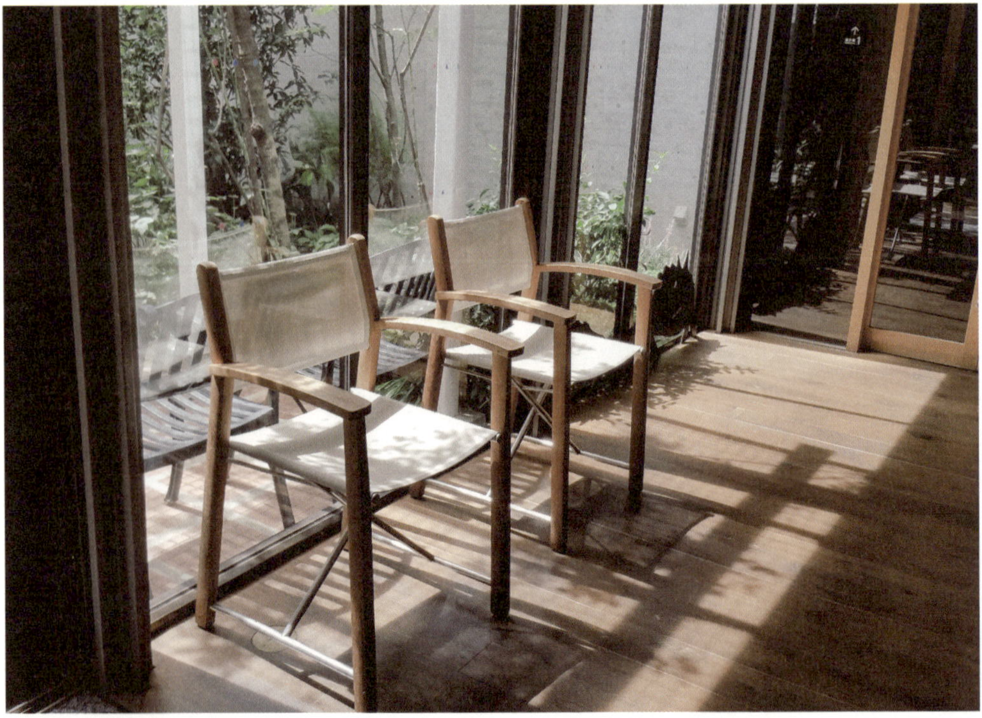

창가의 토토를 찾아

'넌 사실 정말 착한 아이란다.'

소설 『창가의 토토』의 한 구절인 도모에 학원의 교장 선생님의 이 한마디가 아직도 가슴 한편에 남아 있다. 『창가의 토토』는 주의가 산만하던 토토가 도모에 학원에서 자연과 어울리며 소중한 인격체로 사랑받는다는 줄거리의 성장 소설로 일본뿐 아니라 우리나라를 포함해 전 세계적으로 사랑을 받았다. 감동적인 이야기만큼이나 사람들의 마음을 끌었던 것은 바로 이 소설에 삽입된 일러스트였다.

토토의 해맑고 순수한 동심이 그대로 느껴지는 일러스트는 일본에서 가장 사랑받는 일러스트레이터, 이와사키 치히로의 작품이다. 그녀의 작품에는 언제나 아이들이 등장한다. 전쟁의 격동기에 태어나

활동했던 그녀는 평생 반전(反戰)과 평화에 대한 자신의 마음을 그림 속 아이들로 표현했다. 맑고 투명한 색채와 여백의 미가 조화롭게 담긴 그녀의 작품을 가만히 들여다보고 있자면 잊고 있던 어릴 적 순수함이 저절로 떠오른다. '아이처럼 투명한 수채화'라는 수식어가 이보다 더 잘 어울릴 수 없다.

이와사키 치히로는 이제 세상을 떠나고 없지만, 그녀가 생애에 남긴 작품들은 아직도 많은 이들에게 감동을 주고 있다. 무려 9,000점이 넘는다는 작품은 그녀가 생전에 살던 집을 개조해 만든 치히로 미술관에서 만날 수 있는데, 한적한 주택가에 자리한 미술관은 맑고 투명한 그녀의 작품만큼이나 평화롭다. 내부는 어느 자리에서건 햇살이 쏟아져 조용히 앉아 있는 것만으로도 포근해진다. 이곳에선 그녀의 작품을 이용한 다양한 전시 외에도 생활의 흔적도 찾을 수 있다. 당시의 모습을 그대로 보존한 듯한 아틀리에에는 그녀가 사용하던 그림 도구와 그리다 만 그림까지 그대로 놓여 있어 지금도 그녀가 그곳에서 그림을 그리고 있을 것만 같다.

'모든 아이가 평화롭고 행복하길.'

그녀가 평생 바라왔던 소망대로 미술관은 아이들이 마음껏 즐길 수 있도록 지어졌다. 미술관 곳곳에는 언제든지 읽을 수 있도록 치히로의 그림책이 진열돼 있고, 아이들이 뛰놀 수 있는 작은 놀이방과 그림책 도서관도 준비되어 있다. 이미 훌쩍 다 커버린 성인이지만 그녀의 따스한 색채와 철학이 녹아 있는 미술관을 둘러보고 있으니 나도 꼭 해맑은 동심으로 돌아간 기분이다.

미술관은 현재 『창가의 토토』를 쓴 작가 구로야나기 테츠코가 운영하고 있다. 관장을 맡은 그녀는 치히로가 그린 '상냥함'과 '아름다움'을 아이들의 새하얀 마음에, 그리고 어른들의 마음에 전달하고 싶다고 했단다. 그 바람처럼 미술관을 나온 후에도 잔잔한 감동의 여운이 나의 마음속을 맴돌고 있었다.

치히로 미술관 ちひろ美術館

주소 東京都練馬区下石神井4-7-2 운영 10:00-17:00(월요일 휴무)

흐르는 소면 건져 먹기

계절마다 그때 먹을 수 있는 별미가 있다. 일본도 그렇다. 겨울엔 뜨끈한 국물 요리를, 여름엔 차게 식힌 요리를 자주 먹는다. 여름 별미 중에서도 남편과 내가 가장 좋아하는 건 바로 나가시소멘이다. '흐르는'이라는 뜻의 나가시(流し)와 '소면'이라는 뜻의 소멘(そうめん). 이름 그대로 '흐르는 소면'이다. 처음 들었을 때는 이게 무슨 음식인가 싶었는데, 먹는 모습을 보고서야 단번에 이해했다. 물이 흐르는 기다란 대나무 통에 넣은 소면이 위에서부터 흐르기 시작하면 그걸 젓가락으로 건져 먹는 음식이다. 대단한 맛은 아니지만 무더운 여름날 가족 혹은 친구들과 모여 재미 삼아 도전하기에 더할 나위 없이 좋은 먹거리다.

섭씨 30도를 훌쩍 넘긴 무더운 날, 가마쿠라 근처에 나가시소멘을 하는 집이 있다고 해서 찾아갔다. 조심스레 문을 열고 들어가니 우리가 첫 손님이었다. 단둘이서 나가시소멘을 먹기엔 흥이 안 나는데…. 걱정하는 사이 꼬마들을 데리고 온 엄마들이 우르르 들어왔다. 꼬마들은 누가 더 많이 먹을 수 있나 논쟁을 하며 잔뜩 열을 올리고 있었다.

나가시소멘이 준비된 뜰에는 기다란 대나무 통이 테이블을 가로지르고 있었다. 자리를 잡고 앉아 있는데 직원 아주머니가 고개를 갸우뚱하더니 나와 남편의 자리를 바꿔서 앉아달라고 했다. 그러곤 소면을 흘려보내기 전, 간략하게 설명을 덧붙였다. 소면을 한 주먹 흘려보내면 타이밍 맞게 알아서 건져 먹을 것, 아주머니가 다 지켜보고 각자의 페이스에 맞춰 소면을 흘려 보내준다는 것, 혹여나 놓쳐서 바닥으로 흘려버리면 무조건 버려야 하니 뒷사람들이 적당히 건져서 먹을 것 등등. 아하, 그래서 남편을 가장자리에 앉게 했구나. 행여나 앞에서 놓친 소면을 마지막 사람이 먹을 수 있도록 가장 많이 먹을 수 있는 건장한 남자를 끝에 앉힌 것이다.

진지한 표정으로 설명을 듣던 우리는 시작 신호와 함께 제각기 젓가락을 한 손에 쥐고 대기 자세를 취했다. 아주머니는 한 사람씩 눈을 마주치며 고개를 까딱하고 신호를 보내주셨다. 그다음 한 입 거리의 소면을 스르르 흘려주신다. 까불던 꼬마들도 긴장한 듯 젓가락을 움켜쥐고 자기 차례를 기다린다. 이윽고 내 차례가 오고, 고개 까딱, 신호를 받는다. 그리고 드디어 소면이 흘러내려 오기 시작했다. 긴장한 탓인지 소면 한 가닥을 놓쳤다. 완벽하진 않았지만, 시작으로 이 정도면 나쁘지 않다. 젓가락으로 건져낸 소면을 쯔유에 듬뿍 찍어 후루룩 먹으니 긴장이 풀렸다. 긴장한 건 나뿐만은 아니었는지 꼬마들도 침묵을 깨고 시끌벅적 떠들기 시작했다. 누가 많이 먹나 경쟁이라도 하는지 후루룩 소면을 먹으면서 다른 아이들은 얼마나 먹나 곁눈질하는 모습이 귀여웠다. 한 입 먹고 기다리는데 다시 고개 까딱, 신호가 온다. 대나무 통을 따라 흘러오는 소면을 솜씨 좋게 건져서 쯔유에 찍어 먹었다. 손님들이 많지만, 어느 타이밍에 소면을 건져야 할지는 걱정하지 않아도 되었다. 아주머니께서 오랜 경험과 감각으로 손님에 맞춰 적절한 타이밍에 소면을 흘려보내 주기 때문이다. 고개 까딱, 신호와 함께.

몇 번을 건져먹으니 슬슬 배가 불러왔다. 한 시간 동안 무제한으로 먹을 수 있는데, 30분도 되지 않아 배가 부르다니. 괜히 분했다. 하지만 계속 먹었다간 감당이 안 될 것 같아 잠깐 쉬겠다고 아주머니에게 신호를 보냈다. 아주머니는 이번에도 고개를 까딱하고 답하셨다. 남편도 적당히 배가 불렀는지 쉬려고 하는데, 앞에 앉은 아이들은 마음이 앞서 헛젓가락질을 하면서 소면을 놓쳐버렸다. 놓친 소면은 고스란히 끝자리에 앉아 있는 남편의 몫이 되었다. 연거푸 흘러오는 소면을 집어 먹느라 남편은 당황한 기색이 역력했다. "배부르면 그냥 흘려보내. 무리하지 말고." 옆에서 말해보지만 낭비하면 안 된다는 사명감인지 놓친 소면을 모조리 건져 먹었다.

점점 모두의 젓가락질이 느려지기 시작했다. 아이들은 배가 부른데도 서로 경쟁한다며 끝까지 건져 먹는다. 이런 먹거리는 역시 아이들과 함께해야 흥이 난다. 덕분에 우리도 신나게 나가시소멘을 즐길 수 있었다. 부른 배를 두드리며 가게를 나오니 뜨거운 공기가 우리를 기다리고 있었다. 분명 나가시소멘을 먹은 곳도 야외였는데, 이렇게 더웠나? 열심히 소면을 건져 먹느라 더위를 느낄 겨를이 없었나 보다. 역시 한여름엔 이만한 별미가 없다.

나가시소멘을 즐길 수 있는 가게 (여름 한정)

○ **후나야도**(鮒宿)
　주소 東京都調布市菊野台2-4-2　운영 토·일·공휴일 11:00~16:30
○ **차야카도**(茶屋かど)
　주소 神奈川県鎌倉市山ノ内1518　운영 10:00~17:00

도쿄에서 가장 살고 싶은 동네

"기치조지에서 살고 있어. 어렸을 때부터 쭉."

친구의 목소리에는 묘한 자부심이 묻어나왔다. 주위에서는 '와아~' 부러움 섞인 탄성이 쏟아졌다. 아직 도쿄에 온 지 얼마 안 됐던 나는 영문도 모른 채 눈만 껌뻑였다. 그런 나를 눈치채고 다른 한 친구가 슬쩍 다가와 속삭였다.

"도쿄에서 가장 인기 있는 동네야."

그 말은 정말이었다. 도쿄에서 가장 살기 좋은 동네 하면 대부분 기치조지(吉祥寺)를 가장 먼저 떠올렸다. 내 친구처럼 기치조지에 사는 사람들은 동네에 대한 자부심이 넘쳤고, 이들을 다들 부러움의 눈으로 쳐다봤다. 실제로 도쿄에서 가장 살고 싶은 동네 순위에서 기치조지는 수년간 부동의 1위를 지켰다. 최근에는 요코하마나 에비스 같은 동네에 밀려 1위를 놓치기도 했지만 '가장 살고 싶은 동네'라는 수식어는 아직도 꼬리처럼 따라다닌다. 영화나 드라마에서도 기치조지는 단골 무대로 자주 등장한다. 『기치조지만이 살고 싶은 거리입니까?』라는 만화가 나왔을 정도로 그 인지도가 아주 높다.

기치조지가 인기 있는 이유는 크게 세 가지라고 한다. 다수의 선로가 모여 있어 교통이 편리하고, 주변에 상업구역이 잘 조성되어 있고, 무엇보다도 동네 사람들의 자랑거리, 기치조지의 심장이라고도 불리는 이노카시라 공원(井の頭 公園)이 자리 잡고 있기 때문이다.

호기심을 안고 처음 기치조지를 찾았을 때가 기억난다. 이곳이 왜 다들 살고 싶어 하는 동네인지 첫날부터 단번에 수긍할 수 있었다.

도심에서 너무 가깝지도 멀지도 않은 적당한 거리, 한적하고 평화로운 거리와 골목 곳곳에 숨어 있는 개성 있는 가게들, 녹음이 우거진 커다란 공원. 신문 기사에서 본 한 구절이 떠올랐다. '너무 변화하지도, 그렇다고 시골 같지도 않은 딱 좋은 밸런스.' 그 말 그대로였다.

적당히 변화한 거리에는 세련되면서도 아기자기한 분위기의 가게와 카페들이 눈에 띄었다. 밋밋한 체인점보다 기치조지만의 분위기를 물씬 느낄 수 있는 개성 있는 가게들이었다. 넓은 상업구역임에도 불구하고 바로 옆에 있는 이노카시라 공원 덕분에 거리는 번잡함보다는 쾌적함이 느껴졌다. 골목골목으로 보이는 주거지 역시 아담한 주택들이 들어차 있어 한적하고 평화로웠다. 그 주위로 자전거를 타고 장을 보러 가거나 강아지와 산책하는 사람들이 지나갔다. 그들의 모습에선 하나같이 다 여유가 넘쳤다. 영화나 드라마에서 자주 봐왔던 일본 특유의 한적한 동네. 그 풍경이 눈앞에 실제로 펼쳐져 있었다.

"아, 정말 여기서 살고 싶다…."

나도 모르게 속마음을 내뱉었다. 그랬더니 동네의 가이드 역할을 자처했던 친구가 씩 웃으며 말했다.

"인기가 높아서 집세는 좀 비싸지만, 그래도 다들 와서 살고 싶어 하는 이유를 잘 알겠지?"

자부심이 가득 담긴 그녀의 말이 하나도 얄밉지 않았다. 나도 기치조지의 매력에 푹 빠져버렸으니까. 이날 이후로 품었던 기치조지에 살아보겠다는 소망은 결국 도쿄를 떠날 때까지 이루지 못했다. 하지만 여전히 나는 꿈을 꾼다. 주말이면 멋진 카페에서 브런치를 먹고, 느긋하게 이노카시라 공원을 산책하는 모습을.

소박한 일본 가정식집, 에쿠 栄久

주소 東京都三鷹市井の頭 4-26-7 平山莊 102   운영 08:00~15:00(월·일요일 휴무)

암묵의 룰, 란도셀

4월이 가까워지면 일본 사람들은 바빠지기 시작한다. 학교는 새 학년이 시작되고 회사는 신입사원들로 북적거린다. 우리나라의 3월이 그렇듯 4월은 일본에서 '새로운 시작'을 의미한다. 그에 맞춰 다양한 상품들이 쏟아지고 광고도 넘쳐난다. 새 양복, 새 문구, 벚꽃 시즌 한정 맥주 등등 그중에서도 유난히 눈에 띄는 네모난 가방 '란도셀'의 광고가 눈길을 끈다.

'일본의 초등학생' 하면 가장 먼저 떠오르는 것. 일본 사람들에게 이 질문을 한다면 아마 백이면 백, '란도셀'이라고 답할 것이다. 그만큼 많은 아이들이 메고 다니는 가방이다. 아니, 일본의 모든 초등학생이 이 가방을 메고 다닌다고 해도 과언이 아니다. 처음 도쿄에 살기 시작했을 때, 등굣길의 아이들 등에 똑같은 가방이 들려 있는 것을 보고 의아해한 적이 있다. 중·고등학교처럼 교복은 입지 않아도 학교 혹은 정부에서 지정해준 가방이라고 의심치 않았다. 그도 그럴 것이 그때까지 봤던 수많은 초등학생이 일제히 똑같은 가방을 메고 있었기 때문이다. 그러던 중 새 학년이 시작되기 전이면 어김없이 등장하는 란도셀의 광고를 보고 나는 깜짝 놀랐다. 가방 하나에 평균 4만 엔(약 40만 원)이 넘는 가격, 심지어 10만 엔(약 100만 원)이 넘는 고가의 제품도 심심치 않게 볼 수 있었다. 초등학생에게 이렇게 비싼 가방을 의무로 메게 하다니! 놀란 표정으로 일본인 친구들에게 말하니 다들 고개를 저으며 란도셀은 딱히 의무가 아니라고 했다. 또 한 번 놀랐다.

"의무가 아닌데 도대체 왜 한 명도 빠짐없이 이 가방을 메는 거야?" 이렇게 물으면 돌아오는 답은 대부분 비슷했다.

"란도셀만큼 튼튼하고 견고한 가방은 없어."
"각이 잡혀 있으니 내용물도 보호되고, 아이들 자세도 잡아주지."
"6년간 쭉 쓸 수 있으니 따져보면 그렇게 비싼 건 아니야!"

듣고 보면 틀린 말은 아니다. '가격은 조금 비싸지만 그만큼 실용성이 있다면야….'라고 수긍도 해본다. 그렇지만 전국의 초등학생 모두가 일제히 똑같은 가방을 메고 다니는 것은 아무리 봐도 신기하다. 신기하다 못해 조금 기괴하다는 생각까지 든다. 특히나 고학년은 자아가 뚜렷해지면서 자신만의 개성을 찾아가는 시기가 아닌가. 머릿속에 물음표를 떠올리는 것은 자연스러운 일이었다. 잘 보니 일본 내에서도 란도셀의 문제점을 지적하는 의견이 꾸준히 제기되고 있었다. 무겁다. 비싸다. 개성도 없다. 이런 의견들에도 불구하고 실제로 자기 아이에게 란도셀 이외의 가방을 메게 하는 부모는 거의 없다. 조금만 더 이야기를 해보면 그 속내가 드러난다.

"다른 아이들 사이에서 튈까 봐…."

정답이었다. 란도셀이 얼마나 훌륭한 가방인지의 문제가 아니었다. 모두가 똑같은 행동을 할 때 내 자식만 눈에 띄는 것을 피하고 싶은 것이었다. 일본의 가정교육에서는 '남에게 폐를 끼치지 말 것'을 가장 중요시한다고 흔히들 알고 있다. 그런데 여기서 '폐'라는 것은 상대방에 직접 해를 끼치는 행동 그 이상의 의미를 담고 있다. 일

본의 '和(와)' 정신, 조화와 협력을 중시하는 집단주의 정서에는 개인의 이익보다 공동체의 이익과 안정을 우선시하는 가치관이 깊숙이 자리 잡고 있다. 소수의 돌출된 행동은 바로 '和'를 깨뜨리기 때문에 용납되지 않는 것이다. 란도셀은 그런 일본 특유의 집단주의가 만들어낸 일종의 암묵의 룰이었다. 이곳에 살면서 내가 지켜본 일본 사람들은 대부분 자신만의 의견을 내는 데 다소 소극적이었다. 행동이나 태도, 차림새마저도 다른 사람들과 맞춰야 한다는 일종의 강박관념을 가지고 있는 듯했다. 항상 주위의 시선을 의식하며 절제된 행동을 보여주는 사람들을 보며 고개를 끄덕였다. 이런 생활방식은 단번에 얻어진 것이 아니라고, '란도셀'을 메기 시작하는 어린 시절부터 쭉 몸에 밴 습관이라고.

란도셀의 시작

란도셀은 전쟁 당시 군인들이 쓰던 배낭에서 유래됐다고 한다. 당시 네덜란드와 왕래가 잦았던 탓에 배낭을 뜻하는 네덜란드어 'Ransel'을 일본식 발음으로 부르기 시작한 게 란도셀이다. 1887년 이토 히로부미가 황태자의 입학 선물로 고급 가죽으로 된 란도셀을 선물한 것에서 널리 알려지게 되었다. 당시에는 워낙 고가의 상품이라 부유층의 아이들만이 쓰는 동경의 대상이었던 것이 전쟁 후 고도경제 성장을 거치며 일본 전역에 퍼지게 되었다고 한다.

도쿄 사람이라면 몬자야키

뜨거운 철판 위에서 지글지글 익어가는 요리를 기다리며 마시는 차가운 맥주 한 잔. 동네 어디서든 흔히 볼 수 있는 이 풍경이 좋아 종종 철판 요릿집을 찾곤 했다. 일본 철판 요리라면 빠질 수 없는 것이 단연 오코노미야키. 일본식 부침개로도 불리는 오코노미야키는 일본 사람이라면 누구나 좋아하는 대표 음식이다. 맛도 맛이지만 친구 혹은 가족들과 철판 앞에서 다 함께 직접 구워 먹는 재미 때문에 모임 같은 자리에서 특히나 사랑받는다. 도쿄에 살 때 퇴근 후 동료나 친구들과 맥주를 마시며 자주 오코노미야키를 먹곤 했다. 정확히 말하면 몬자야키를.

오코노미야키가 오사카의 대표 음식이라면 몬자야키는 도쿄를 대표하는 음식이다. 사실 둘은 다른 요리가 아니다. 몬자야키는 오코노미야키에서 파생된 철판 요리 중 하나다. 기본 재료는 비슷하지만 조리 방법이나 지역 특색에 따라 종류가 나뉘는데, 몬자야키는 물기가 많아 국물을 자작하게 졸인 듯한 모양새가 특징이다.

나는 오코노미야키보다 몬자야키를 더 좋아한다. 그건 순전히 일본인 친구 때문으로 '철판 요리는 무조건 몬자야키!'를 외치던 도쿄 토박이 친구에게 세뇌(?)를 당했다. 도쿄 토박이였던 친구는 지역 라이벌 의식이 강한 도쿄 사람 중 하나여서 그 친구를 만날 때면 철판 요리로 꼭 몬자야키를 먹곤 했다. 언젠가 "오코노미야키는 어때?"라며 슬며시 물어봤지만 단칼에 거절당했다. 우리나라의 전라도와 경상도가 그렇듯 일본에서도 도쿄와 오사카로 나뉘는 지역감정이 만연하다. 진정한 도쿄 사람이라면 오사카의 오코노미야키보다 도쿄의 몬자야키를 먹어야 한다는 게 친구의 주장이었다. 마지못해 먹기 시작했지만, 그 친구 덕분에 나는 몬자야키의 매력에 단단히 빠졌다. 결국 친구처럼 오코노미야키보다 몬자야키를 더 편애하는 지경에 이르렀다.

유난히 덥던 여름날, 동네 골목 구석에 자리한 몬자야키 가게를 남편과 함께 찾았다. 일단은 맥주부터. 무더운 날씨에 뜨거운 철판 앞에서 마시는 시원한 생맥주의 청량감은 말로 다 표현할 수 없다. 언제 먹어도 맛있는 몬자야키지만 시원한 맥주 때문에 우리는 유독 여름에 몬자야키를 찾곤 했다. 주문한 메뉴가 나오자 우리는 심호흡을 깊게 내쉬고 조심스럽게 몬자야키를 굽기 시작했다. 부침개처럼 양면을 굽는 오코노미야키와 달리, 국물이 많은 몬자야키는 세심한 기술이 요구되기 때문이다.

우선 국물을 제외한 토핑 재료와 양배추를 철판에 미리 익힌다. 적당히 익으면 커다란 주걱을 이용해 재료와 양배추를 잘게 썰어준다. 잘게 썰린 재료를 모으고 도넛 모양처럼 가운데 동그란 구멍을 만든다. 그 안에 국물을 조금씩 넣는데, 이때 국물이 넘치지 않게 살살 붓고 국물과 재료를 적절히 섞어준다. 마지막으로 국물과 섞인 재료를 철판에 평평하게 펴주고 국물이 어느 정도 졸아 끈적한 상태가 되면 몬자야키용 미니 주걱으로 긁어먹으면 된다.

간단해 보이지만 꽤 고난도의 기술이 필요하다. 국물이 넘치지 않도록 조심스럽게 국물을 붓거나 타지 않도록 타이밍을 맞추는 등 초보자가 어설프게 시도했다간 실패하기에 십상이다. 아무렇게나 흘린 모양새 때문에 처음엔 맛없어 보일 가능성도 크다. 하지만 한 입 먹어보면 짭조름하면서 고소한 맛에 자꾸 손이 가게 되는 오묘한 매력이 있다. 특히 맥주와의 궁합이 환상적이다. 얇게 부쳐진 몬자야키는 깨작깨작 긁어먹는 재미도 있다. 남편과 잔뜩 부른 배를 쓰다듬으며 가게를 나왔다. 몬자야키를 먹었다고 하면 도쿄 사람 다 됐다며 뿌듯해할 친구의 얼굴이 떠올라 피식 웃음이 났다.

시치고상 七五三

몬자야키 거리로 알려진 쓰키시마도 유명하지만, 그에 못지않게 맛 좋고 분위기 좋은 아사쿠사의 아담한 몬자야키집이다.
주소 東京都台東区西浅草2-23-7 운영 12:00~23:00(월요일 휴무)

유카타로 여름나기

유난히 알록달록하고 화려한 색감의 유카타. 그 형형색색의 유카타를 입은 사람들이 눈에 띄기 시작하면 '드디어 여름이 왔구나.' 하고 실감하게 된다. 기나긴 장마철이 끝나고 본격적인 무더위가 시작되는 한여름. 유카타는 한여름이 도착했음을 알려주는 신호 같은 존재이다.

입기도 복잡하고 가격도 비싼 기모노에 비해 유카타는 간소하면서도 합리적인 가격에 구입할 수 있는 평상복 같은 개념에 가깝다. 비단이 아닌 모시나 천으로 만들기 때문에 통풍성이 좋아 주로 여름에 입는다. 기모노가 결혼식처럼 격식을 갖춰야 하는 자리에서 입는 옷이라면 유카타는 유흥을 즐길 때 많이 찾는다. 특히 마쓰리나 불꽃놀이 같은 야외 이벤트에는 유카타가 빠지지 않고 등장한다.

덕분에 유난히 야외 이벤트가 많은 일본의 여름엔 유카타 차림을 한 사람들의 행렬로 거리가 한껏 알록달록해진다.

도쿄에 살면서 우리도 각각 유카타를 한 벌씩 장만했다. 평소에 모노톤을 즐겨 입는 나도 유카타만큼은 분홍색과 노랑색이 섞인 화려한 스타일로 골랐다. 과연 이렇게 화려한 색이 잘 어울릴까? 걱정했던 건 기우였다. 형형색색의 유카타 대열에 끼니 걱정이 무색하게도 내 유카타는 눈에 띄지도 않았다.

유카타가 격식을 그리 차리지 않는다고 해도 입는 방법은 간단치 않다. 특히 기장을 키에 맞게 조절해서 허리띠 같은 오비로 고정하는 것은 초보자가 혼자 하기엔 벅차다. 치마폭이 좁아서 종종걸음으로 걸어야 하는 불편함도 있다. 거기에 맨발에 나막신까지. 분명히 편한 옷은 아니다.

그럼에도 불구하고 유카타를 입고 참 많은 야외 이벤트를 즐겼다. 여름이 되면 어김없이 열리는 불꽃놀이와 마쓰리에는 항상 유카타를 입고 나갔다. 유카타를 입지 않으면 뭐가 빠진 듯 허전했다. 이벤트가 시작되기 전이면 항상 같이 다니는 무리와 서로 유카타 입는 걸 도와주며 흥을 돋웠다. 마무리는 열심히 놀다가 정신없이 헝클어진 유카타를 보며 서로 깔깔 웃음을 터뜨리는 것이었다. 돌이켜 보면 여름의 추억에는 항상 유카타가 있었다.

4년 후 도쿄를 떠날 즈음에야 나는 유카타를 혼자 입을 수 있게 되었다. 그렇지만 아쉽게도 그 후로 유카타를 꺼내 입을 일은 없었다. 이사를 할 때마다 버릴까 말까 고민도 몇 번 했지만, 지금은 장롱 한 구석에 고이 모셔두고 있다. 도쿄의 추억이 가득 담긴 보물 상자와 같아서 쉽사리 버려지지 않는다.

도쿄만노료센 東京湾納涼船
배 위에서 도쿄의 야경을 보며 맥주 한 잔씩. 유카타를 입고 입장하면 1,000엔 할인을 받을 수 있다.
운영 6월 말부터 10월 초까지

나폴리 피자 열풍

도쿄에 가면 놓치지 않고 꼭 먹는 음식이 있다. 스시, 라멘, 돈카츠, 스키야키… 그리고 피자. 이렇게 말하면 다들 놀란 표정으로 묻는다.

"도쿄에서 웬 피자?"

어렸을 때 자주 먹었던 도미노 피자에 익숙해 있던 나는 도쿄에서 피자 맛을 새롭게 배웠다. 얇고 쫀득한 도우에 새콤한 토마토소스와 달콤한 바질 향, 바로 나폴리 피자다. 일본에서 나폴리 피자의 인기는 참 대단하다. 이탈리아에서 직접 피자를 배워온 셰프들도 많고 피자만 전문적으로 파는 '핏짜리아'도 어디서든 볼 수 있다. 일본에 처음 유입된 미국식 피자는 가끔 추억의 맛으로 찾아 먹는 배달

음식으로 전락한 지 오래다. 미국식 피자는 피자(ピザ), 정통 이탈리아 피자는 핏짜(ピッツァ)로 아예 이름에도 차별화를 뒀다.

일본에서 나폴리 피자가 인기를 끌기 시작한 건 1990년대 후반. 이때부터 가게 안에 설치된 가마에서 직접 피자를 구워주는 피자 전문점이 등장했다. 지금은 도쿄 나폴리 피자의 터줏대감 같은 존재인 세린칸(聖林間)과 살바토레(サルヴァトーレ)가 당시 한창 인기를 끌었다. 그러던 중 매년 나폴리에서 열리는 '세계 피자 선수권 대회'에서 야마모토라는 셰프가 일본인 최초로 우승을 하게 된다. 그리고 그 셰프가 2010년 도쿄에 가게를 열면서 나폴리 피자의 인기는 절정에 이르렀다. 이를 계기로 수많은 젊은 셰프들이 이탈리아로 건너가 현지에서 전통 방식을 배워왔고 도쿄에는 나폴리 피자를 전문으로 하는 가게가 기하급수적으로 늘게 되었다.

우리나라에서도 직접 가마에서 구워주는 화덕 피자가 유행했지만, 일본의 피자 트렌드는 조금 유별나다. 그냥 화덕 피자가 아니라 꼭 '나폴리 피자'여야 한다. 나폴리 피자는 이탈리아의 수많은 피자 중에서도 그 기준이 엄격하기로 소문이 나 있다. 진정한 나폴리 피자로 인정받으려면 정해진 밀가루와 토마토소스 등을 써야 하고 꼭 손반죽을 거쳐야 하는 등 구체적인 룰이 존재한다. 나폴리 피자 협회라는 단체에서 전통 방식과 장인들을 지키기 위해 진짜 나폴리 피자인지 아닌지 평가를 하고 자격증을 부여하기도 한다.

이런 엄격한 장인 정신이 일본 사람들의 흥미를 끌었다. 스시를 쥐려면 10년은 밑바닥 생활을 하며 수련해야 한다는 일본 특유의 장인 정신과 잘 맞아 떨어졌다. 뭐 하나에 빠지면 끝까지 집요하게 파고드는 일본 사람들의 특성도 한몫했다. 반죽을 발효하는 시간, 가마에 넣는 장작의 종류, 굽는 시간 등등 하나하나 치밀하게 계획하며 최상의 피자를 만드는 데 공을 들였다. 그 결과 이탈리아 현지 사람들도 인정해주는 전통 나폴리 피자를 일본 곳곳에서 즐길 수 있게 되었다. 한 번 인정하면 금방 싫증 내지 않고 꾸준히 찾아주는 일본 사람들 덕분에 나폴리 피자의 인기는 아직도 대단하다.

안타깝게도 현지에서 직접 전통 나폴리 피자를 먹어본 경험이 없다. 그래서 일본의 피자가 정말로 현지 맛과 똑같은지는 알 수 없다. 그렇지만 도쿄에 간다면 한 번쯤 먹을 만한 가치가 충분히 있다고 자

신 있게 말할 수 있다. 나폴리 피자가 어떻게 일본에서 인기를 끌게 됐는지 그 뒷이야기도 흥미롭지만 일단 쫄깃한 도우의 피자 맛이 정말 일품이기 때문이다.

추천 도쿄의 핏짜리아

- Pizzaria la Rossa
  도쿄에서 가장 인기 있는 핏짜리아 중 하나. 우리가 살던 무사시코야마에 있다.
  주소 東京都目黒区目黒本町5-33-25 운영 11:00~15:00, 17:00~22:30(수요일 휴무)
- Savoy
  카운터 석에서 보는 피자 굽는 모습은 꼭 한 편의 퍼포먼스와 같다. 쫄깃한 도우가 환상적이다.
  주소 東京都港区元麻布3-10-1 中岡ビル2F 운영 11:30~14:30, 18:00~22:00

한 칸짜리 열차 타고 도쿄 한 바퀴

'딩딩딩'

따사로운 오후, 열차를 알리는 벨이 울리자 제 갈 길을 가던 사람들이 선로 앞에 멈춰선다. 그러자 곧 저 멀리서 '달그닥달그닥' 소리와 함께 한 칸짜리 열차가 느긋하게 동네를 가로지른다. 생각만으로도 마음이 정화되는 풍경. 어느 한적한 시골 마을의 이야기가 아닙니다. 바로 도쿄 도심에서 펼쳐지는 풍경이다.

지금의 거대한 철도망이 조성되기 전, 일본 도시 곳곳에는 노면전차라고 하는 한 칸짜리 열차가 운행되고 있었다. 장거리는 못 가지만 꼭 마을버스 같은 개념으로 동네 구석구석을 누비며 주민들의 발이 돼주었다. 본격적으로 전철과 지하철이 개발되기 시작하면서 대부분의 노면전차는 역사 속으로 사라지고 말았지만, 아직도 몇 개가 남아 일본 곳곳에서 운행되고 있다.

도쿄의 아라카와선(荒川線)이 그중 하나다. 한때는 40개도 넘었다는 도쿄의 노면전차 중 유일하게 살아남았다. 레트로한 외관의 열차를 타면 앞에서 직접 손잡이를 돌리며 운전하는 차장이 보인다. 아날로그 시대, 그때의 모습 그대로 마을 사이를 묵묵히 달리고 있다. 화려한 줄만 알았던 도쿄에서 꼭 타임머신을 타고 시간을 거스른 듯 푸근하고 한적한 풍경이 펼쳐진다.

덕분에 아라카와선은 현지 사람들에게도 많은 사랑을 받고 있다. 선로 주변 동네 사람들의 든든한 이동수단인 동시에 '도쿄 산책하기' '추억의 열차 여행' 등 도쿄의 관광 코스로도 인기다. 단순히 옛날 모습을 간직한 것뿐 아니라 일반 전철과 지하철이 다니지 않는 동네 구석구석을 달리고 있다는 점이 매력으로 작용했다. 노면전차는 꼭 손을 내밀면 닿을 수 있을 만큼 주택가 사이를 가까이서 비집고 달린다. 그리고 잘 가꿔진 화려한 풍경이 아닌 사람 냄새나는 시타마치의 풍경을 창을 통해 그대로 보여준다.

오랜만에 도쿄에 들렀을 때 일부러 시간을 내어 일일 승차권을 샀다. 역이 30개나 되지만 운행 거리는 고작 12km 정도로 한 시간이면 종점에 도착한다. 금방 도착하는 게 아쉬워 창밖으로 마음에 드는 동네가 보이면 곧바로 내려 주변을 산책했다. 하교하는 아이들의 웃음소리를 들으며 주택가를 돌아보거나 눈에 띄는 가게에서 간식을 사 먹거나, 장을 보러 온 사람들로 북적이는 상점가를 걷거나, 역 앞에서 열차가 지나가는 모습을 사진으로 담거나 하면서 말이다. 느긋이 달리는 열차만큼이나 한가로이 주변을 산책하다 다리가 아파질 때쯤에는 다시 또 열차에 몸을 실었다. 그렇게 내리고 타고를 반복하며 출발역부터 종점역까지 구석구석을 돌아다녔다.

수많은 역과 동네를 지나 종점에 도착하니 이미 해 질 녘. 동네마다 개성 넘치는 볼거리에 정신이 팔려 시간 가는 줄 모르고 구경을 하다 한나절이 훌쩍 지나가버렸다. 도쿄에서 4년이나 살았으면서도 그동안 미처 몰랐던 또 다른 도쿄를 발견한 날이었다. 꼭꼭 숨은 보물을 찾아낸 것 같은 기분이었다.

동네 산책 추천 코스

○ 기시보진마에역(鬼子母神前駅) - 도덴조시가야역(都電雑司が谷駅)
  고즈넉한 절 기시보진도우(鬼子母神堂), 고양이 잡화점 타비네코잣카텐(旅猫雑貨店), 철판구이 센베 전문점 오구라야(小倉屋), 오래된 서양식 목조 건물 조시가야 큐우센쿄우시칸(雑司が谷 旧宣教師館)

○ 고신즈카역(庚申塚駅)
  역 플랫폼 위에 있는 일본 전통 찻집 잇푸쿠테이(いっぷく亭)

○ 가지와라역(梶原駅)
  아라카와선 열차와 쏙 닮은 열차 모양 모나카를 구입할 수 있는 전통 과자가게 아케미(明美)

○ 아라카와유엔치마에역(荒川遊園地前駅)
  아담한 놀이동산 아라카와유엔(荒川遊園), 다코야키 센베를 맛볼 수 있는 후쿠센(ふく扇)

○ 미노와바시역(三ノ輪橋駅)
  아라카와선의 종점. 시타마치 분위기가 물씬 풍기는 역 앞 상점가

미슐랭과 동네 식당

'치익치익'

빵가루 옷을 입은 고기가 뜨거운 기름 안으로 들어가는 소리에 모두의 시선이 부엌으로 집중된다. 고기를 다듬고, 간을 하고, 달걀 물과 빵가루를 묻히는 손동작에는 기분 좋은 리듬감이 실려 있다. 가게 안에 흐르는 잔잔한 피아노 선율 때문인지 꼭 한 편의 퍼포먼스를 보고 있는 기분이다. 뭐에 홀린 듯 바로 앞에서 묵묵히 고기를 튀겨내는 주방장을 얌전히 구경하고 있으니 이내 주문한 요리가 나온다. 바삭한 튀김옷 속에 감춰진 연한 분홍빛의 고기, 윤기 좌르륵 흐르는 쌀밥과 돼지고기를 듬뿍 넣어 끓인 된장국의 한 상 차림. 고기를 한 입 베어 물자 고소한 육즙이 흘러나오면서 입안에서 살살 녹는다. 이보다 더 완벽할 수 없는 돈카츠 한 접시다.

동네 상점가, 그것도 후미진 골목 구석에 있는 이곳을 발견한 건 우연이 아니었다. 퇴근길에 혹은 주말에 뭘 먹을까 고민하며 상점가를 돌아다닐 때마다 유난히 긴 행렬이 눈에 띄었다. '이 평범한 동네에 저렇게 문전성시를 이루는 가게가 있다니….' 호기심으로 들어가 본 게 계기였다. 카운터 석 8개만 달랑 놓인 협소한 내부는 아무리 봐도 평범한 동네 식당이었다. 그러나 주문한 돈카츠가 나오자 그 인기의 이유를 단번에 알 수 있었다. 첫 한 입을 베어 물고는 깜짝 놀랐다. '돼지고기가 이렇게 고급스러운 맛이었나?' 그렇게 이 가게의 단골이 되기로 결심했다.

맛도 맛이지만 주방장의 독특한 분위기도 가게의 단골이 되는 데 한몫했다. 카운터 석 바로 앞에서 고기를 튀겨내는 주방장의 모습은 엄숙하다 못해 신성함마저 느껴졌다. 누가 나에게 일본의 음식 장인을 물어본다면 나는 바로 이 주방장을 머릿속에 떠올릴 것이다. 자신만의 세계에 갇힌 듯 비장한 표정으로 조심스럽게 고기를 다루는 손짓에는 군더더기 하나 없었다. 고기를 완벽하게 튀겨내기 위해 마치 모든 동작이 초 단위로 계획된 듯했다. 주방장의 손짓과 요리에서는 그의 철저한 요리 철학이 그대로 느껴졌다. 이런 서민 동네에 주민들이 들락날락하는 곳이라면 단골손님과 웃으며 안부 인사도 나눌 법도 한데, 그는 시종일관 엄숙한 표정을 짓다가 깍듯이 인사를 할 뿐이었다. 그런데도 가게는 항상 손님들로 발 디딜 틈이 없었다. 대부분이 동네 주민들이었다. 비록 말수는 적어도 언제나 성실하게 묵묵히 고기를 튀겨내는 주방장을 신뢰하고 지지해주는 사람들이었다.

그런데 몇 년 전, 놀랄 만한 소식이 들려왔다. 바로 이 돈카츠 가게가 미슐랭 가이드에 게재되었다는 것이었다. 합리적인 가격과 훌륭한 맛을 두루 갖춘 곳을 선정한다는 '빕 구르망'에 선정되어 이름을 올린 것이다. 비록 별은 받지 못했지만, 이 평범하기 그지없는 동네에서 미슐랭에 선정된 가게가 나왔다는 것 자체로도 큰 뉴스거리가 되었다. 다들 무척이나 기뻐하면서도 내심 걱정이 되는 눈치였다. 나도 마찬가지였다. 당연히 기뻐해야 할 일이지만 내심 서운함과 불안감이 교차했다. '화젯거리가 되어 너무 많은 사람이 몰려드는 건 아닐까?' '우리가 사랑하던 그 맛과 분위기가 그대로 유지될 수 있을까?'

그런 우려를 안고 다시 가게를 찾았을 때 우리는 안도했다. 동네를 들썩이던 뉴스가 거짓말이었던 것처럼 주방장은 언제나처럼 묵묵히 고기를 튀겨내고 있었다. 벽면 한구석에 '미슐랭 게재를 축하드립니다.'라고 적힌 작은 카드 하나가 붙어 있는 게 고작이었다. 몇 년간 봐왔던 주방장의 고집스러운 요리 철학이 그대로 지켜지고 있구나 싶었다. 덕분에 가게를 찾을 때마다 매번 내가 기억하던 그 맛을 즐길 수 있었다. 미슐랭에도 4년 연속 이름을 올리는 쾌거를 이루었다. 그렇다고 전혀 변하지 않은 건 아니었다. 동네 사람들로 채워지던 가게 안은 타지 사람들의 비율이 월등히 높아졌다. 또, 한참 전에 예약하지 않으면 자리가 없을 정도로 손님이 늘었다. 그리고 끝내 돈카츠의 가격이 올랐다. 새 가격표에는 주방장이 친필로 적은 사과문이 붙어 있었다.

'질 좋은 재료와 서비스를 제공하기 위해 피치 못하게 가격을 올렸습니다. 죄송합니다.'

그의 진심이 느껴지는 사과문이었다.

가격이 오른 것보다도 더욱 걱정스러웠던 건 이를 시작으로 가게가 변해버리지는 않을까 하는 것이었다. 그러면서도 시대의 흐름을 거르고 옛 모습을 지킨다는 것이 과연 가능한 것인지 의문이 들었다. 몇 년이 지나도록 예전 모습 그대로 유지해주었으면 하는 것은 어쩌면 나의 욕심인지도 모르겠다. 하루가 다르게 변하는 세상 속에서 변하지 않으면 살아남기 어려운 생존의 현실을 외면할 수는 없다. 그렇기에 이렇게 꿋꿋이 예전 모습을 지켜가려는 곳이 있다는 것은 참 감사한 일이었다. 앞으로 또다시 이곳은 변화해나가겠지만 그 속도는 지금처럼 조금 느렸으면 좋겠다. 내가 너무 이기적일지 몰라도.

모치부타 돈카츠 타이요우 もち豚とんかつ たいよう

주소 東京都品川区小山3-22-7メゾンいずみ1-112 운영 11:30~14:30, 17:30~20:00(월·금요일 휴무) 전화 03-3786-1464 팁 점심시간, 특히 주말은 예약을 전혀 받지 않아 줄을 서서 기다리면 된다. 저녁 시간은 예약 필수

센과 치히로의 그곳

마법에 걸려 돼지가 돼버린 부모를 구하기 위해 마법 세계에 홀로 몸을 던진 치히로의 이야기. 2001년에 개봉해 전 세계적으로 선풍적인 인기를 얻은 〈센과 치히로의 행방불명〉은 내가 가장 좋아하는 애니메이션 중 하나이다. 원작을 몇 번이고 돌려본 것은 물론이고, 일러스트 책과 해설집까지 소장하고 있을 정도로 열렬한 '덕후'다. 그런 나에게 희소식이 들려왔다. 센과 치히로의 배경이 된 곳이 도쿄 외곽에 있다는 것. 바로 에도도쿄다테모노엔이라는 박물관이다. 도쿄 도심에서도 전철을 타고 한참을 달려야 나오는 곳으로 꽤 먼 거리였지만 '덕후'는 망설이지 않았다. 성지순례를 위해 곧바로 전철에 몸을 실었다.

에도도쿄다테모노엔은 건축을 의미하는 '다테모노(たてもの)'라는 이름에서도 알 수 있듯이 건축물을 중심으로 만들어진 박물관이다. 에도 시대 후기부터 쇼와 시대까지 일본 근대 역사를 대변하는 다양한 건축물을 한데 모아놓았다. 특히 역사적 가치가 높은 건물들을 당시의 모습 그대로 옮겨와 넓은 부지에 직접 재건했다는 점이 인상적이다.

"센과 치히로의 배경이 된 곳은 어디죠?"

표를 사자마자 대뜸 안내원에게 물었다. 애니메이션 속의 풍경을 실제로 볼 수 있다는 생각에 잔뜩 흥분한 상태였다. 나 같은 사람이 이미 많았는지 태연한 표정으로 안내원이 설명했다.

"동쪽으로 가면 시타마치도리가 나와요. 거기에 가면 애니메이션에서 봤던 다양한 배경들을 볼 수 있을 거예요."

설명을 곱씹으며 지도를 보고 부리나케 동쪽으로 향했다. 막다른 골목이 나오고 고개를 돌렸을 때 '앗!' 소리가 절로 나왔다. 눈앞에 보이는 것은 그것임이 분명했다. 치히로가 일하던 목욕탕. 유바바가 손님을 대접하고 가오나시를 만났던 그 목욕탕이었다. 안으로 들어가보니 더 실감이 났다. 벽면을 가득 메운 거대한 풍경화와 목욕탕. 꼭 가오나시가 목욕을 하며 금을 던지고 있을 것만 같았다. 목욕탕뿐만이 아니었다. 치히로의 부모가 음식을 먹다 돼지가 되어가는 장면에서 나오는 식당도 그 모습 그대로였다. 카운터 석에 앉으면 나까지 돼지로 변해버릴 것 같은 기분이 들 정도로 쏙 닮은 식당이었다. 긴 손발로 열심히 약초를 관리하던 가마지 할아범의 방은 오래된 문구점에서 찾을 수 있었다. 이곳에서는 약초 수납장이 아닌 문구 수납장이 다닥다닥 붙어 벽을 빼곡히 메우고 있었다. 그리고 치히로가 유바바의 쌍둥이 언니, 제니바를 만나러 갈 때 탔던 열차도 보였다. 비록 '신바시'라는 실제 지역 이름이 적혀져 있지만, 나에게는 치히로가 탔던 그 열차였다.

기대했던 것보다 애니메이션과 너무나 쏙 닮은 풍경에 놀랐다. 마치 내가 치히로가 되어서 애니메이션 속을 걷고 있는 기분이 들었다. 주위에서도 '아, 가마지 방이다!' '돼지로 변했던 곳!'이라며 센과 치히로를 떠올리며 수군대는 소리가 들려왔다. 성지순례를 마치고 흥분을 가라앉히며 박물관을 꼼꼼히 구경했다. 센과 치히로에 정신이 팔려 잘 보이지 않았던 건물들이 그제야 눈에 들어왔다. 이미 성지순례로 충분히 놀랐는데도 굉장히 유익한 내용물에 또 한 번 놀랐다. 근대화가 시작되기 전 일본의 전통 생활을 담고 있는 에도 시대부터 근대화가 시작되고 서양 문물을 급격히 받아들이기 시작했던 근현대까지 그 격동의 역사와 시대상이 건축물 속에 그대로 녹아들어 있었다. 쇼윈도 너머로 보는 축소화된 모형이 아니라 당시의 모습 그대로 재건된 건축물을 직접 들어가볼 수 있다는 점도 큰 매력이었다. 성지순례에 역사 공부까지. 꿩 먹고 알 먹고. 덕후가 제대로 '계 탄 날'이다.

에도도쿄다테모노엔 江戸東京たてもの園

주소 東京都小金井市桜町3-7-1   운영 09:30~17:30, 10월부터 3월은 16:30까지(월요일 휴무)

자전거 왕국

일본의 거리 하면 떠오르는 풍경이 있다. 바로 자전거를 타고 다니는 사람들. 이미 도쿄에 살기 전부터 일본 사람들 하면 으레 자전거를 타고 있는 모습을 떠올렸다. 즐겨 보던 일본 애니메이션이나 영화에서 자전거가 등장하는 장면을 자주 봐왔던 탓일지도 모르겠다. 만화 〈짱구는 못말려〉에서 짱구를 뒤에 싣고 자전거를 타던 엄마, 영화 〈러브레터〉에서 자전거의 불빛으로 시험지 답안을 맞춰보던 두 명의 이츠키. 화면으로 접하던 일본의 풍경에는 언제나 자전거가 등장했다.

실제로 도쿄에 살기 시작하면서, 화면 속의 자전거 풍경은 그대로 일상의 풍경이 되었다. '정말이지, 자전거 인구가 이렇게나 많구나.' 화면 속 풍경과 쏙 닮은 자전거 행렬을 언제 어디서나 마주치니 놀라우면서도 신기했다. 양복을 입고 출근하는 회사원들, 교복을 입고 등교하는 학생들, 동네 마실을 나온 할아버지 할머니, 아침부터 저녁까지 도쿄의 동네에는 자전거 행렬이 끊이지 않았다.

그중에서도 가장 눈에 띄는 건 역시 엄마 부대의 자전거 행렬이었

다. 어린아이를 뒤에 태우고 볼일을 보러 가는 엄마, 바구니 한가득 장을 본 것을 싣고 집으로 돌아가는 엄마 등등. 다른 가족들이 회사로 학교로 떠나고 텅 빈 동네는 그렇게 자전거를 탄 엄마들로 채워졌다. 오후 5시는 저녁 식사를 준비하기 위해 장을 보러 온 엄마들로 자전거 행렬이 가장 바빠지는 시간이었다. 저녁 어스름이 내려앉기 시작할 무렵, 엄마들이 따르릉 벨을 울리며 분주히 페달을 밟는 풍경. 왠지 모르게 콧등이 시큰거리고 가슴이 먹먹해지는 아련한 풍경이었다.

자전거를 탄 사람 중에서도 엄마가 많아서일까? 일본에서는 일상생활용 자전거를 이른바 '마마챠리(ママチャリ)'라고 부른다. 마마챠리는 '엄마'를 뜻하는 '마마'와 '자전거'를 뜻하는 '챠린코'를 줄인 말이다. 말 그대로 엄마의 자전거라는 애칭이다. 이 애칭에는 꽤나 긴 역사가 담겨 있다. 1960년대, 당시의 자전거는 무겁고 높아서 여자들이 타기에는 위험하다는 인식이 있었다. 그러던 중 한 자전거 회사에서 여성을 대상으로 한 가볍고 낮은 자전거를 제작하여 팔기 시작했고, '여성에게 편리하고 건강과 미용에 좋은 자전거'라는 마케팅을 대대적으로 펼치면서 전국적인 열풍을 불러일으켰다. 특히 편리함을 추구하던 주부들 사이에서 큰 인기를 얻었고 그 결과 '마마챠리'라는 애칭을 얻게 되었다. 당시 신혼부부의 절반 이상이 혼수품으로 이 마마챠리를 장만했다 할 만큼 대단한 인기였다. 그 후 마마챠리는 '타기 쉽고 싸다'라는 인식 덕분에 여성뿐 아니라 남성에게도 큰 인기를 끌게 됐고, 지금은 남녀노소 불문하고 일본 사람들의 일상생활에서 빠질 수 없는 생활용품으로 자리 잡게 되었다.

도쿄에 살면서 나도 동네 사람들처럼 마마챠리를 타고 동네 구석구석을 돌아다니고 싶다는 로망이 있었다. 그러나 자전거라곤 한강 공원에서 잠깐 타본 것이 전부인 나에게 도쿄의 좁디좁은 골목길은 무리였다. 한 손에 우산을 들고도 자유자재로 능숙하게 자전거를 타는 동네 사람들이 무척이나 부러웠다. 자전거 왕국답게 대부분 어렸을 때부터 자연스레 자전거를 타고 다닌다던데, 그 환경이 부럽기도 했다. 결국 마마챠리를 장만하지 못한 채 도쿄를 떠나버렸지만 바구니에 짐을 잔뜩 싣고 마마챠리로 동네를 가로지르는 모습을 상상하며 오늘도 열심히 자전거 타는 연습을 한다.

도쿄 바이크 갤러리 Tokyo Bike Gallery

야나카에 있는 자전거 대여점. 바구니가 달린 자전거를 타고 강을 건너 스카이트리까지 달려보는 건 어떨까.
주소 東京都台東区谷中6-3-12   운영 평일 12:00~19:00, 주말 11:00~19:00(화·수요일 휴무)

동네의 작은 독서공간

젊은 여성들에게 인기 있는 번화가, 지유가오카에서 조금만 걸어가면 오쿠사와(奧沢)라는 한적한 주택가가 나온다. 상점이라고는 좀처럼 찾아볼 수 없는 이곳에서 '독서공간 미카모'라는 간판을 발견했다.

'독서공간이라니, 북카페를 말하는 건가?'

호기심을 참지 못하고 들어가봤다. 허술한 간판 뒤로 의외로 멋진 서양식 목조 주택이 자리 잡고 있었다. '들어오세요.'라는 안내문을 보고 신발을 벗고 복도에 들어가니 오래된 집 같은 내부가 나왔다.

"스미마셍."

사람을 불러도 아무 인기척이 없어 혹여나 남의 집에 무턱대고 들어온 건 아닌지 겁이 덜컥 났다. 그러던 차에 직원 한 분이 나와 반갑게 인사를 건넸다.

"이곳은 어떤 곳인가요?"

독서공간이란 간판 뒤에 자리한 평범한 집. 도대체 여긴 뭘 하는 곳이지? 궁금증을 참지 못하고 물었다. 이미 이런 질문에 익숙한 듯, 직원 분이 웃으면서 대답했다.

"말 그대로 독서공간이에요. 정확히 말하자면 동네 사람들의 휴식처죠."

세워진 지 90년이 넘은 이곳의 서양식 목조 건물이 쓰러져가던 걸 안타까워하던 마치다 씨는 건물을 빌려 개조에 들어갔다. 중고서점의 주인이었던 그는 이곳을 자신이 팔고 있는 중고 책을 읽을 수 있는 공간으로 만들고 누구라도 올 수 있도록 개방했다. 그런 그의 노력에 주위 사람들은 감동했고, 다 같이 힘을 모아 건물을 관리하며 독서공간 외에도 다양한 활동을 할 수 있는 공간으로 만들었다. 그렇게 동네 사람들의 손에서 '독서공간 미카모'가 탄생했다.

"마치다 씨가 이곳의 오래된 역사를 그대로 간직하고자 옛날 당시의 모습을 그대로 재현하려고 굉장히 애썼어요."

주위를 둘러보니 세월의 흔적이 묻어나오는 오래된 가구들, 옛날 전화기 같은 빈티지스러운 소품들이 눈에 띄었다. 꼭 할머니 댁에 놀러 온 것 같은 포근함이 느껴졌다. 아주 오래전 누군가의 서재였을 방이 지금은 누구나 이용할 수 있는 독서공간으로로 바뀌다니. 오랜 세월의 가치를 지켜가면서 그것을 영리하게 활용하고 있는 지혜가 돋보였다. 여기에 서로 힘을 모아 이 오래된 집을 가꾸고 보존하려는 동네 사람들의 노력이 곳곳에서 묻어나왔다. 덕분에 이곳은 악기 교실, 북클럽, 벼룩시장 등 다양한 활동을 통해 주민들끼리 활발한 교류가 이루어지는 공간으로 탈바꿈했다. 동네 사람들은 스스로 만들어낸 이 공간에서 서로를 알아가고, 일상을 나누고 있었다. 이런 이상적인 공동체 생활은 시골에나 있는 줄 알았는데. 도쿄에도 있었다니.

조금 더 일찍 알았더라면…. 이곳을 방문했을 당시 도쿄를 떠날 준비를 하고 있었던 터라 아쉬움이 몰려왔다. 언제든지 편하게 들러 읽고 싶은 책을 읽고, 동네 사람들과 대화도 나누며 교류할 수 있는 공간. 이런 곳이 있었다면 우리의 도쿄 생활이 한층 더 즐거웠을 텐데. 아쉬움을 달래며 독서공간에서 잠시 책과 함께 시간을 보냈다. 때마침 주룩주룩 내리는 빗소리로 독서공간엔 운치가 흘렀다. 이런 멋진 공간을 다른 곳에서도 만날 수 있을까.

독서공간 미카모 読書空間みかも

주소 東京都世田谷区奥沢2-33-2 운영 매일 다양한 이벤트가 열리니 달력을 참고할 것(목요일 휴무) 요금 독서공간 이용 시 500엔(음료와 과자 포함)

도심 속 오아시스, 도도로키 계곡

졸졸졸 흐르는 시냇물 소리와 하늘을 뒤덮는 울창한 나무들.

생각만으로도 청량해지는 느낌이다. 서 있기만 해도 땀이 줄줄 흐르는 한여름에는 더욱더 말이다. 어디 멀리 산속에나 들어가야 볼 수 있을 것 같은 풍경을 도쿄에서 만날 수 있었다. 그것도 번화가 바로 옆에서.

도도로키 계곡(等々力渓谷). 시부야에서 전철로 20분, 지유가오카에서 5분 거리에 있는 이곳은 도쿄 중심구에서 유일하게 남아 있는 계곡이다. 과연 도심 속에 이런 곳이 있을까 싶을 정도로 자연을 그대로 즐길 수 있는 곳이다. 벚나무, 단풍나무, 대나무 등 늘씬한 나무들이 개울가를 따라 하늘을 뒤덮을 정도로 울창하게 줄지어 있다.

나무들이 만드는 자연 그늘 아래서 졸졸 소리를 내며 흐르는 시냇물을 따라 걷다 보면 여기가 정말 도쿄인가 착각이 든다.

이곳을 찾은 건 정말 우연이었다. 여자들에게 특히 인기가 많은 번화가 지유가오카에서 잔뜩 부른 배를 꺼뜨리려 선로를 따라 걷다가 우연히 만났다. 이런 곳에 계곡이 있다니. 호기심에 들어가봤는데, 계단을 내려가자마자 펼쳐지는 진한 녹음의 향연에 눈이 번쩍 뜨였다. 분명 조금 전까지 북적거리는 도시 한복판에 있다가 꼭 공간을 뛰어넘어 대자연 속으로 빨려 들어간 기분이었다. 그 후 남편과 초록색 가득한 자연이 그리울 때마다 이곳을 찾았다. 우리에게만이 아니라 이곳은 동네 사람들이 자주 찾는 휴식처이기도 했다. 할아버지와 손을 잡고 온 아이들, 사랑 넘치는 젊은 커플, 가족 무리 등 남녀노소 할 것 없이 자연 속 휴식을 위해 계곡을 찾았다. 봄엔 연분홍빛 벚꽃 하늘을, 여름엔 울창한 녹음을, 가을엔 알록달록 단풍을, 겨울엔 정적인 고요함을. 계절마다 시시각각 변하는 다채로운 풍경에 언제나 눈이 즐거웠다.

한여름 무더위에 못 견뎌 오랜만에 계곡을 찾았다. 차가운 계곡물 안에 들어가니 숨이 탁 트이며 지쳐 있던 몸이 개운해졌다. 녹음으로 우거져서인지 계곡 안의 공기는 바깥공기보다 더 청량하고 시원하다. 실제로 계곡 안은 바깥보다 3도 정도 더 낮다고 하던데, 물소리와 바스락거리는 나뭇잎 소리까지 더해져 청량감은 배가 되었다. 걷다 보면 나오는 일본식 정원, 거대한 새빨간 다리 등 볼거리를 즐기며 느긋하게 산책도 했다. 그리고 언제나처럼 일본 전통 찻집에서 마무리를 지었다. 메뉴는 여름 한정인 빙수와 도코로텐이다. 일본의 전통 간식인 도코로텐은 한 입 베어 무는 순간 인상을 잔뜩 찌푸릴 정도로 시큼한 맛이지만 무더운 여름이면 꼭 그 맛이 간절하다. 대나무로 우거진 찻집 정원에서 느긋하게 음식을 즐기며 몸에 남은 열기를 식혔다. 1km 남짓의 짧은 거리가 아쉬울 정도로 달콤한 휴식이다. 도심 속 오아시스에서 원기를 충전했기 때문일까. 발걸음이 무척이나 가볍다.

세츠겟카 雪月花

도도로키 계곡 안에 자리 잡은 일본 전통 찻집. 대나무 숲으로 둘러싸인 정원이 인상적이다.
주소 東京都世田谷区等々力1-22-47   운영 11:00~16:00, 겨울은 주말만 운영

도쿄 라멘 열전

도쿄에 살 때 가장 자주 찾았던 음식은 다름 아닌 라멘이다. 깊은 맛이 나는 진한 국물에 쫄깃한 면발. 그 짭조름하면서도 농후한 맛에 푹 빠져 거의 매주 빠짐없이 라멘집을 찾곤 했다. 처음에는 동네 근처의 라멘집을 돌아보며 맛을 비교하다 점점 도쿄 전체로 넓혀 다양한 라멘집을 찾아다니게 되었다. 아무리 작은 동네 구석이어도 어김없이 자리 잡고 있는 라멘집, 그리고 가지각색의 맛과 모양. 도쿄에만 벌써 수천 개의 라멘집이 존재한다는데 그 무궁무진한 세계에 빠져 라멘을 먹으러 먼 곳까지 가는 수고도 마다하지 않았다. 인기 있는 라멘집의 라멘을 먹기 위해 한나절 줄을 서서 기다리는 건 일도 아니었다. 그렇게 도쿄의 수많은 라멘집을 다니며 다양한 라멘맛을 알아가는 것은 도쿄 생활의 큰 낙이었다.

일본의 라멘은 국물에 따라 기본적으로 네 가지 종류로 나눠진다. 말끔한 간장 맛의 쇼유 라멘, 진한 돼지고기 육수 맛의 돈코츠 라멘, 일본식 된장을 넣은 미소 라멘, 그리고 맑고 깔끔한 국물의 시오 라멘. 아마 우리나라에서 가장 잘 알려진 라멘은 돈코츠 라멘일 것이다. 일본 여행 중 우리나라 사람들이 자주 찾는 체인점, 잇푸도(一風堂)나 이치란(一蘭)도 다 돈코츠 라멘 계열이다. 네 가지 라멘 중에서도 도쿄에서는 쇼유 라멘과 돈코츠 라멘의 인기가 압도적으로 높다. 일본의 저명한 식당 가이드, 타베로그의 라멘 랭킹만 봐도 대부분 쇼유 라멘과 돈코츠 라멘이 높은 순위를 장식한다.

그렇다고 앞서 말한 네 가지의 종류만 있는 것은 아니다. 라멘에도 유행이 존재한다. 최근 몇 년간 꾸준히 인기를 끌고 있는 츠케멘이 그중 하나다. 면과 국물이 따로 나와 걸쭉하게 농축된 국물에 면을 찍어 먹는 재미가 특징이다. 국물 면에서는 교카이케이라멘(魚介系ラーメン), 즉 생선 혹은 어패류의 육수를 넣은 라멘이 꾸준히 인기를 끌고 있다. 타베로그 부동의 랭킹 1위와 미슐랭 스타를 받은 라멘집도 이 생선 육수를 섞은 라멘을 메인으로 내걸고 있다. 교카이케이라멘 중에서도 니보시라멘(煮干しラーメン)이라는 아주 진한 멸

치 육수를 넣은 라멘이 인기 있는데, 한 입만 먹어도 멸치 100마리를 씹어 먹는 듯한 농축된 멸치 맛을 느낄 수 있는 독특함이 별미이다. 그 외에도 닭을 푹 고아 하얀 국물이 특징인 도리파이탄(鶏白湯), 대합, 오리고기, 도미 등의 독특한 재료로 국물을 낸 다양한 라멘이 최신 유행을 이끌고 있다.

몇 년간 꾸준히 다양한 라멘집을 찾아다니다 보니 어느 순간 도쿄의 내로라하는 인기 있는 라멘집은 대부분 가보게 되었다. 그중에는 너무 인기가 많아 아침 7시부터 줄을 서서 정리권을 받고 오후 2시가 돼서야 먹을 수 있었던 곳도 있었다. 지금 생각해보면 라멘 한 그릇에 참 대단한 열정을 쏟아부었구나 싶기도 하다. 그렇다고 쉬이 만족할 수는 없다. 아직도 먹어보지 못한 새로운 라멘 맛이 무궁무진하게 있다는 것을 알기 때문이다. 누구나 이름만 대면 아는 유명한 곳도 좋았지만 보통 아무 생각 없이 들어간 후미진 골목의 라멘집에서 별미를 찾은 기억도 많았다. 그래서 라멘의 세계는 흥미롭다. 언제 어디서 깜짝 놀랄 만한 맛을 만날지 모르니 말이다. 일본 여행을 가는 지인들에게 항상 추천하는 것은 맛이 정형화된 체인집도 좋지만 이왕이면 골목에서 우연히 마주친 라멘집을 가보라는 것. 적어도 주인 혼자서 운영하는 개성 있는 가게에 가보라고 권하는 편이다. 실패할 가능성도 있지만 그보다는 특별한 맛을 만날 가능성이 더 크다. 체인집만 고집하기엔 라멘의 세계는 너무나 무궁무진하다.

추천 도쿄의 라멘집

○ **다카노**(多賀野)
쇼유 라멘의 정석. 도쿄에서 가장 긴 상점가 도고시긴자에서 가깝다.
주소 東京都品川区中延2-15-10 운영 11:30~14:30(수요일 휴무)

○ **모테나시쿠로키**(饗 くろ喜)
깔끔하면서 세련된 맛. 그러면서도 깊은 맛을 놓치지 않은 시오 라멘을 맛볼 수 있다.
주소 東京都千代田区神田和泉町2-15 四連ビル3号館 운영 11:30~15:00, 18:00~21:00
(금·일요일 휴무, 수요일은 점심만 운영)

바다와 산과 기차, 가마쿠라로

'뜨거운 코트를 가르며~ 너에게 가고 있어~'

가사만 들어도 빨강 머리의 강백호가 단번에 떠오르는, 청춘의 대명사 〈슬램덩크〉의 주제곡이다. 파란 하늘과 반짝반짝 빛나는 바다, 그리고 바닷가를 달리며 훈련하는 농구팀원들. 〈슬램덩크〉 하면 생각나는 이 풍경이 도쿄 근교에 실제로 존재한다. 도쿄에서 전철로 한 시간 거리에 있는 가마쿠라(鎌倉)라는 곳이다.

〈슬램덩크〉의 무대로도 잘 알려진 가마쿠라는 이미 오래전부터 도쿄 사람들에게 큰 사랑을 받아왔다. 긴 해안선을 따라 펼쳐지는 넓은 바다, 그 해안가를 따라 달리는 에노덴. 바다 뒤로는 아담한 산들이 이어져 있고, 그 산속 곳곳에 고즈넉한 절들이 숨어 있는 곳. 가

가마쿠라는 숨 가쁜 도시 생활에 지친 도쿄 사람들에게 한숨을 돌리며 쉬어갈 수 있는 안식처 같은 곳이다. 우리에게도 그랬다. 이리저리 사람들에 휘둘리고, 가슴이 답답할 때면 가마쿠라는 큰 힘이 되어주었다. 탁 트인 바다를 가만히 바라보며 맥주 한잔하거나 고요한 절을 찾아 산을 타거나 하면서 자연에 둘러싸여 하루를 보내면 어느새 마음이 풀어졌다.

가마쿠라가 특별한 건 단순히 아름다운 자연환경 때문만은 아니다. 바다와 산이 보여주는 정반대의 분위기가 가마쿠라만의 독특한 색깔을 만들어낸다. 저 멀리 에노시마(江の島)가 보이는 바닷가는 그야말로 '청춘' 그 자체다. 파란 하늘 아래서 언제나 반짝반짝 빛나는 바다는 사시사철 서핑을 즐기는 사람들로 가득하다. 근처를 타박타박 걷다 보면 서핑 보드를 메고 유유히 바닷가로 향하는 서퍼들을 마주친다. 어린아이부터 나이가 지긋이 든 할아버지까지 연령대는 다양하지만, 바닷가는 '젊음'으로 충만하다. 청춘의 대명사〈슬램덩크〉가 왜 이곳을 무대로 했는지 고개가 절로 끄덕여진다.

바닷가를 벗어나 산속으로 향하기 시작하면 거리의 분위기는 180도 바뀐다. '젊음'과 '싱그러움'은 온데간데없이 사라지고 '차분함'과 '고즈넉함'이 그 빈자리를 슬며시 메꾼다. 가마쿠라시에만 100개가 넘는다는 크고 작은 절들은 조용히 산속에 숨어 있다. 봄에는 벚꽃을, 가을에는 단풍을 즐기며 산을 타다 근처 절에 들러 숨을 고른다. 정적이 흐르는 고즈넉한 절 안에서 차 한잔을 마시고 있다 보면 마음까지 정화되는 기분이다. 생동감 넘치는 바닷가와 대비되어 고요함은 배가 된다.

그리고 전혀 다른 두 자연 사이에 에노덴이 있다. 바닷가와 주택가를 가로지르는 초록색 노면전차인 에노덴은 가마쿠라의 상징이다. 에노덴에 올라 창밖을 바라보는 것만으로도 즐거워진다. 탁 트인 바닷가와 주택가의 좁은 골목들…. 그것들을 보다 보면 왠지 어디선가 강백호와 채치수가 농구 연습을 하고 있지 않을까 괜히 두리번거리게 된다. 그럴 리 없다는 걸 알면서도.

도심에서 고작 한 시간 거리에 바다의 청량함과 산의 고즈넉함을 동시에 즐길 수 있는 곳이 있다는 것은 정말 행운이다. 만약 일본에서 여생을 보낸다면 그곳은 가마쿠라일 거라고 나는 농담 삼아 말하곤 했다. 백발의 노인이 되어 서핑 보드를 끼고 바닷가를 활보하는 모습. 상상만 해도 근사하지 않은가.

안 네 이 安寧

엔가쿠지(円覚寺) 안에 있는 찻집. 절 안의 정원을 바라보며 차와 화과자를 즐길 수 있다.
주소 神奈川県鎌倉市山ノ内425 운영 10:00~16:00, 수~금요일·둘째 주 토요일만 운영

가을을 알리는 신호탄, 꽁치 축제

동네를 걷는데 어디선가 생선을 굽는 냄새가 진동한다. 고소한 냄새에 못 이겨 반사적으로 냄새의 근원을 찾아 나섰다. 범인은 바로 상점가 골목 구석의 선술집. 땀을 뻘뻘 흘리며 숯불에 생선을 굽던 가게 주인이 우리를 보고서 큰 목소리로 외친다.

"꽁치 시즌이 왔어요! 꽁치 먹으러 오세요!"

바야흐로 꽁치의 계절, 가을이 찾아온 것이다. 도쿄의 9월은 아직 무덥지만, 먹거리만큼은 하나둘씩 가을의 제철 음식으로 채워지기 시작한다. 복숭아, 포도가 물러가고 감, 배가 보이기 시작하면 한여름 같은 날씨에도 곧 가을이 오겠구나, 라고 짐작하게 된다. 가을의 먹거리 중에서도 가장 대표적인 것이 꽁치. 유난히 생선을 즐겨 찾는 일본 사람들은 바로 제철 생선의 변화로 계절의 변화를 감지한다. 시장이나 가게 메뉴 등 곳곳에서 꽁치가 보이기 시작하면 사람들의 마음은 들뜨기 시작한다. 바로 가을을 알리는 신호탄, 메구로의 꽁치 축제가 다가오고 있기 때문이다.

메구로의 꽁치 축제는 매년 3만 명이 넘게 찾는 도쿄의 대표적인 먹거리 축제이다. 이 축제의 인기 요인은 갓 잡은 신선한 꽁치를 구워 방문객들에게 무료로 한 마리씩 나눠준다는 것이다. 무려 7,000마리의 꽁치가 제공되는데, 100명이 넘는 사람들이 도로에 줄지어 꽁치를 굽는 풍경이 장관이다. 이 진풍경을 구경하러 온 사람들로 축제는 매번 발 디딜 틈이 없다.

우리도 오랜만에 꽁치 축제를 찾았다. 메구로 근처에 살았던 덕에 도쿄에 살 때면 빠짐없이 이 축제를 찾았었다. 역에서 내려 축제 장소로 걷는데 이미 거리는 꽁치를 굽는 연기로 자욱했다. 고소한 꽁치 냄새에 군침을 흘리며 도착하니, 아뿔싸. 꽁치를 기다리는 줄이 엄청 길다. 아침 일찍부터 와서 기다렸어야 했는데, 점심시간이 다 돼서 온 것이 문제였다. 지금부터 줄을 서도 너무 오래 걸릴 것 같아 꽁치를 먹는 건 아쉽지만 포기하고 축제 풍경만 즐기기로 했다. 이미 수많은 사람이 손에 카메라를 들고 꽁치 굽는 풍경을 하나씩 담고 있었다. 우리도 그 사이를 비집고 들어가 까치발을 들고 구경하기 시작했다. 도로에 줄지어 있는 그릴 위에서 꽁치 수백 마리가 구워지고 있는 풍경. 언제 봐도 입이 딱 벌어지는 진풍경이었다. 하이라이트는 꽁치를 굽는 사람들이었다. 땀이 흐르지 않게 수건으로 머리를 감싸고, 연기가 들어가지 않게 고글을 쓰고 있는 모습. 그 차림새를 하고 열심히 부채로 불을 지피며 꽁치를 굽는 모습이 살짝 우스꽝스러우면서도 이색적이었다.

그렇게 구워진 꽁치는 상큼한 스다치와 간 무를 곁들여 방문객들에게 한 마리씩 제공된다. 꽁치를 받아든 사람들은 도로 옆에 준비된 간이 테이블에서 시식을 한다. 친구들끼리 혹은 가족들끼리 모여 올해 갓 잡은 신선한 꽁치를 먹는 모습이 참 즐거워 보였다. '조금만 더 일찍 왔더라면 우리도 저 무리에 낄 수 있었을 텐데….' 아쉬운 마음에 발걸음이 쉽게 떨어지지 않았다.

'올해는 꽁치를 못 먹고 가는군.' 입맛만 다시며 돌아가려는데 역 앞 식당에서 꽁치를 굽고 있는 모습이 눈에 들어왔다. 축제에서 파는 신선한 꽁치를 사들인 거라며 하나 먹고 가라고 가게 주인이 우리를 재촉했다. 마지못해 앉으며 갓 구운 꽁치를 집어 들었다. 기름이 좔좔 흐르고, 통통하게 살이 오른 꽁치에 상큼한 스다치를 뿌리고 간 무를 살짝 얹어 먹으니 '역시 이 맛이야!'라는 감탄사가 절로 나왔다. 한 마리를 나눠 먹자던 우리는 결국 각자 두 마리씩이나 해치우고 맥주까지 연거푸 마시고서야 가게를 빠져나왔다. 고소한 꽁치와 맥주. 비록 제 돈을 내긴 했지만 오랜만에 행하는 도쿄식 가을맞이에 마음도 한껏 들떴다.

메구로 꽁치 축제 目黒のさんま祭り(메구로노산마쓰리)
매년 9월 둘째, 셋째 주 일요일 두 주에 걸쳐 열린다. 장소는 메구로역 근처. 무료로 나눠주는 꽁치를 먹으려면 반드시 아침에 도착하도록 하자.

소소 동경

초판 1쇄   2018년 7월 2일

지은이   정다원
발행인   유철상
편집   이유나, 이정은, 김유진
디자인   조정은, 주인지, 조연경, 이혜수
마케팅   조종삼, 최민아

펴낸 곳   상상출판
출판등록 2009년 9월 22일(제305-2010-02호)
주소   서울시 동대문구 정릉천동로 58, 103동 206호(용두동, 롯데캐슬피렌체)
전화   02-963-9891
팩스   02-963-9892
전자우편 cs@esangsang.co.kr
홈페이지 www.esangsang.co.kr
블로그   blog.naver.com/sangsang_pub
인쇄   다라니

ISBN 979-11-87795-86-5(13980)
ⓒ 2018 정다원

※ 잘못된 책은 구입하신 곳에서 바꿔 드립니다.
※ 이 책은 상상출판이 저작권자와의 계약에 따라 발행한 것이므로
   본사의 서면 허락 없이는 어떠한 형태나 수단으로도 이용하지 못합니다.
※ 이 도서의 국립중앙도서관 출판예정도서목록(CIP)은 서지정보유통지원시스템
   홈페이지(http://seoji.nl.go.kr)와 국가자료공동목록시스템(http://www.nl.go.kr/kolisnet)에서
   이용하실 수 있습니다. (CIP제어번호 : CIP2018018076)